내 인생을 바꾼 감사의 힘

내 인생을 바꾼 감사의 힘

초 판 1쇄 2021년 09월 29일

기획자 김도사(김태광)
지은이 대니리
펴낸이 류종렬

펴낸곳 미다스북스
총괄실장 명상완
책임편집 이다경
책임진행 김가영, 신은서, 임종익, 박유진

등록 2001년 3월 21일 제2001-000040호
주소 서울시 마포구 양화로 133 서교타워 711호
전화 02) 322-7802~3
팩스 02) 6007-1845
블로그 http://blog.naver.com/midasbooks
전자주소 midasbooks@hanmail.net
페이스북 https://www.facebook.com/midasbooks425

© 김도사(김태광), 대니리, 미다스북스 2021, *Printed in Korea.*

ISBN 978-89-6637-964-4 03190

값 15,000원

성공과 행복의 길로 이끌어가는 깨달음에 대하여

내 인생을 바꾼 감사의 힘

김도사(김태광) 기획 | 대니리 지음

Gratitude is the best gift of life

미다스북스

감사의 감춰진 비밀을 찾아서

평생 크리스천으로 살았다. 어떻게 보면 다른 사람들보다 훨씬 가까이에서 감사를 말하면서 살아왔을 것이다. 평생 들었던 익숙한 주제였고 어쩌면 청년들이나 다른 사람들을 위한 교사로서 많이 다루기도 했을 주제였다. 그렇게 익숙해야 하는 주제가 어느 날 나에게 아주 생경한 모습으로 다가왔다. 마치 '넌 누구니?' 하는 듯한 모습으로….

이 나이를 먹도록 아직 제대로 모르고 살았다. 사람의 삶에 진정한 의미와 행복을 줄 수 있는 감사라는 능력을 미처 깨닫지 못하고 그 너머에 뭔가가 더 있는 줄 알고 열심히 헤집고 다녔던 것이다. 그러다 막다른 골

목에서 다시 이 주제를 만났다. 그렇게 만난 그의 모습은 그동안 머리로 알던 것과는 판이하게 달랐다.

모든 생각을 내려놓고 그의 정체를 제대로 보고 싶다는 마음이 불쑥 들어왔다. 지난 몇 년간, 겪고 있던 상실의 시간으로부터 내가 다시 일어날 수 있도록 힘을 주었고 생각의 관점을 되돌아보게 한 그 매직의 능력을 나의 이야기로 정리해보고 싶었다.

감사의 객관적인 면을 보고 싶어 글을 쓰는 이런저런 리서치도 함께 해봤다. 이미 이 주제에 관해 너무도 좋은 책들이 많이 나와 있었다. 그래서 이 책을 쓰는 동안 감사의 새로운 사실을 전달하기보다는 평범한 한 사람이 감사라는 주제를 가지고 어떻게 삶의 한 계곡을 지나왔는지 조명해보고 싶었다.

지난 1년간 필자는 여러 권의 책을 쓸 기회가 있었다. 어떻게 보면 이 역시 감사로 인해 내게 열렸던 기적 같은 여정이었다. 그래서 그 여정의 마지막은 자연스레 '감사'로 연결되었다고 믿는다.

내게 이런 책을 쓸 수 있도록 처음부터 많은 인내와 섬세한 지도로 길을 안내해준 〈한국책쓰기1인창업코칭협회(한책협)〉의 김태광 대표 코치 (김도사)님의 도움에 감사를 드린다. 더욱이 이 책은 김도사님의 전적인 기획으로 세상의 빛을 보게 되었음도 아울러 밝힌다. 지난 1년간 책을 쓰면서 갖게 되었던 마음 여행은 내게 너무도 감사한 기회였다.

또 이 책이 세상에 나올 수 있도록 선정해주시고 항상 옆에서 따뜻한 격려를 주신 미다스북스의 담당자님들께 심심한 감사의 말씀을 전하고 싶다.

책을 써나가는 동안 꼼꼼하게 원고를 읽으며 조언을 해준 동갑내기 아내에게 감사를 빼놓을 수 없다. 아마도 이 책의 출판을 제일 기뻐해주지 않을까 생각된다. 늘 옆에서 보이지 않는 기도로 응원을 보내고 계실 한국의 어머니, 딸 민지와 아들 정현, 그리고 동생들에게도 고맙다는 말을 아울러 전한다.

2021년 9월

대니 리

목차

2장 감사는 내 인생 최고의 선물

4장 감사하다고 말하면 인생이 달라진다

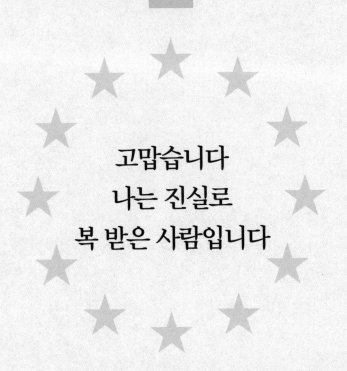

1장

고맙습니다
나는 진실로
복 받은 사람입니다

Gratitude is the best gift of life

▶ 긍정적인 사람들은 위기에서조차

온전히 감사하는 경험을 나누고 있는 것을 어렵지 않게 볼 수 있다.

그 이유는 긍정적 사고의 배후에는

'감사'라는 크나큰 비밀이 숨겨져 있기 때문이다.

행복은 멀리서 오지 않는다

지난날을 되돌아보는 나이에

육십 평생을 살면서 나를 지금껏 지배해온 지침은 그저 '앞으로 직진'이었던 것 같다. 가장이라는 위치가 늘 가족을 먼저 생각해야 하는 처지여서였는지 모르지만 꾀부리지 않고 성실히 살았다고 내 나름대로 생각하곤 한다. 하지만 적어도 가장이라면 누구라도 그러하지 않았을까?

지난날 내 삶의 이면에는 남들한테 밀리는 모습을 보이지 않으려고 무던히 신경을 쓴 흔적들이 많다. 그런 마음들이 나로 하여금 어느 정도는 방어적으로 만들었고 그러다 보니 어쩔 수 없이 경쟁적인 모습으로 살아왔음을 부인할 수가 없다.

내 나이의 또래들은 이미 은퇴하였거나, 그게 아니라면 적어도 은퇴를 고려해야 하는 나이에 접어들었다. 내 경우엔 아이들이 다 성장해 가정들을 이루어 독립하여 나간 관계로 내 한 생의 큰 책임은 다한 것 같다. 이제는 아내랑 단둘이 앞으로 우리끼리 살아가야 하는 모습에 대해 종종 이야기를 나누곤 한다.

이런 과정 중에 종종 떠오르는 것은 바로 행복에 관한 생각이다. 이제 비로소 나는 행복할 때가 된 것일까? 자식들을 다 키워 떠나보낸 그 후련함이란 과연 우리가 누릴 자격이 있는 정당한 행복일까?

전에 생각하기로는 행복이란 것은 자신이 원하는 만큼의 재물을 갖게 되거나 사회적으로 보여줄 만한 위치에 이르러야 따라오는 것인 줄 알았다. 그래서 아직도 어느 것 하나 원하는 만큼에 이르지 못하였기 때문에 나 스스로 행복하다고 생각한 적이 없었다. 행복하다고 생각한다는 건

오만한 것이라고까지 믿었고 또 그런 생각으로 인해 오히려 더 나쁜 것들을 불러오지나 않을까 하는 염려로 기대 자체를 접고 산 것 같다.

지금으로부터 20년 전쯤 미국에 막 이민 와서 몇 개월씩 일을 못 하고 집에서 쉬고 있어야 할 때는 마음이 곤궁했다. 그로서리에 가서 장을 볼 때는 늘 마음은 무거웠다. 언제쯤 돈을 벌어 저 카트에 가득 한번 채워볼 수 있을까? 과연 그런 날이 오기나 할까? 도대체 어떻게 해야 이런 시간이 빨리 지나갈까? 이런저런 생각들로 머리가 복잡했었다. 당시 어렸던 아이들이 신이 나 막 카트에 주워 담던 물건들을 난 뒤따라가며 슬그머니 다시 제자리에 돌려놓기가 일쑤였다.

그런데 그랬던 시간이 어느 순간엔가 모두 다 지나가버렸다.

앞에서처럼 경제적으로 어려웠던 그때를 이제 다시 돌이켜보면서 생각해본다. 나는 그때 정말 불행했었을까? 곤궁한 마음이 들 때마다 세난도어의 산자락을 외로이 달리면서 비관에 빠지기도 했던 그때의 난 정말 행복과는 무관한 사람이었을까? 자살하는 사람의 심정이 헤아려진다고 생각했던 그때의 나는 정말 불행했던 걸까?

그때는 왜 그렇게 암울하게 느껴졌을까? 당시의 내겐 가장의 책임감이 가장 힘들었다. 그렇다고 짐이라고 생각되어 벗어버리고 싶었던 건 추호도 아니었다. 단지 아내와 아이들에게 고생을 시키고 있다는 마음으로 힘들었던 때였다.

일상에 얼마든지 있는 작은 행복들

벤저민 프랭클린은 "행복은 일상생활에서 얻는 작은 기쁨들이 모여 이루어지는 것이지, 일생 거의 일어나기 어려운 커다란 행운으로 인해 생기는 것이 아니다."라고 말을 했다.

지금 돌이켜 생각해보면 그때 사실 난 충분히 행복할 수 있었다. 부족한 건 일자리와 단지 돈뿐이었다. 그 외에는 모두 다 갖고 있었다.

언제나 내 편인 가족이 나와 함께 있었고, 우리는 모두 건강했다. 그리고 남들이 그토록 오고 싶어 하는 미국 땅에 살고 있었고 또 이 땅에서 마음 편히 살 수 있는 영주권까지도 이미 우리 손안에 있었다. 그뿐인가? 그때의 난 지금보다도 20년이나 더 젊었었다.

우리가 이민을 오던 그해 겨울엔 엄청난 눈이 내렸다. 우리 가족이 미국에 오기 전 몇 년간 거주했던 뉴질랜드나 호주에서 그동안 보지 못했던 눈을 그 한 해에 다 본 것 같았다. 차량의 꼭대기까지 쌓인 눈을 보면서 우리 가족은 얼마나 즐거워했는지 모른다. 지금도 그때의 즐거웠던 그 느낌들이 새록새록 떠오른다.

비록 우리 식구가 당장 필요한 생활비를 벌기 위해 사무실을 청소하러 다니면서도 온 가족은 함께 차 안에서 얼마나 깔깔거렸는지 모른다. 식구가 함께한다는 어떤 안도감 같은 것이 우리에게 있어서였을 것이다. 또 같이 듣던 힐송의 찬양들은 우리 가족에게 큰 위로였다. 적어도 우린 가족으로 그런 것들을 함께 나누고 있었다.

어느 날엔가 우리 가족이 청소를 힘들게 마치고 돌아오다가 내 실수로 도로의 경계석에 차가 부딪치는 바람에 '쿵' 하는 소리와 함께 차의 타이어를 완전히 찢어먹고 말았다. 그때의 황당함이란…. 부랴부랴 임시 타이어로 교체하면서 몹시 속상해하던 나에게, 상당히 놀랐을 아이들이 오히려 연신 위로를 아끼지 않았다. 더 큰 사고가 아니어서 다행이다, 아빠 잘못이 아니라는 등등의 좋은 말들로 힘을 주고 있었다. 아마도 난 타이어 수리로 돈 들어가는 걸 더 많이 걱정하고 있었을 것이다.

뿐만 아니라 딸 민지는 부모가 힘들어할까 봐 종종 아침마다 깨알같이 예쁜 글씨로 성경 구절을 적어 책갈피나 냉장고에 몰래 붙여주고는 했다. 아내는 그 구절들을 보면서 몹시 뭉클해하곤 했다. 민지는 얼마나 근사한 딸이었는지 모른다.

학교를 파하고 나서 부모와 함께 저녁 늦게까지 청소일을 하고 집에 돌아가면, 그때부터 새벽까지 늦은 숙제를 하곤 하던 아들 정현이도 있었다. 내가 이런 사정을 알게 된 건 한참을 지난 후였다. 녀석은 힘들다고 얼마든지 투정을 부릴 만한 나이였는데도 한마디 불평도 입 밖으로 꺼낸 일이 없었다. 막내지만 그렇게 든든할 수가 없었다.

그 당시에 조금만 달리 생각할 수 있었다면 얼마든지 행복할 수 있었는데도 그게 행복이란 걸 미처 몰랐다. 그땐 돈이 필요했으니까 행복이라는 감정 따위는 그냥 뒤로 미루고 살았던 시간이었다.

우리에게 주어진 시간 동안 집중해야 하는 주제 중 중요한 것 하나는 바로 '행복'이다. 그 행복의 비결은 필요한 것을 얼마나 많이 갖고 있는가에 달린 게 아니라 조건들로부터 얼마나 자유로울 수 있느냐에 달려 있는 것이다.

우리의 주위 가까이에 있는 소소하면서도 일상적인 행복들을 매 순간 깨달아 얼마든지 풍요롭게 살 수 있음을 기억하는 능력이 필요하다. 행복은 조건이 갖춰졌을 때 비로소 나타나는 것이 아니고 이미 우리에게 다가와 있음을 깨닫기만 하면 된다. 시선만 돌린다면 얼마든지 발견하게 될 것이다.

02

위기는 새로운 기회로 건너가는 다리다

위기의 참모습은 위기가 아니다

물론 필자도 살면서 겪은 큰 낭패가 몇 번 있었다. 몇 년씩 공들여 쌓아 올린 것들이 한순간에 무너지는 그런 아픔도 있었다. 그런 순간의 절망 감은 겪어보지 않은 사람은 이해하기 힘들 것이다.

그런 위기들 앞에서 담대할 수 있는 정신력은 과연 어떤 것일까 하는 질문을 수시로 하곤 했었다.

기업 같은 경우는 이런 때를 대비해 위기관리 또는 리스크 매니지먼트란 명목으로 가능한 모든 경우를 따져가며 사전에 준비를 하겠지만, 개개인의 경우는 그런 준비를 미리 한다는 게 쉽지가 않다. 결국 상황이 닥치고 나서야 그에 대한 대처를 생각하게 되는 것이 고작이다.

테슬라로 유명한 일론 머스크의 일화 중에 재미있는 이야기가 있다. 그는 창업하기 전, 만일 사업이 실패할 때의 경우를 대비하여 실험을 하나 진행했다고 한다. 그것은 바로 '1달러 프로젝트.' 자신이 사업에서 모든 돈을 잃었다고 가정해 하루 동안을 단 1달러로 살아보는 실험이었다. 이로써 그는 자신의 생활에 과연 얼마가 필요한지 파악할 수 있으리라 생각했었다고 한다.

그로부터 그는 한 달에 30달러만 벌어도 먹고살 수 있다는 결론을 얻었다. 그리고 이 실험을 통해, 돈의 의미도 비로소 배울 수 있었다고 한다. 이때 얻은 영감으로 인해 인생의 가장 중요한 순간마다 돈에 치우치지 않는 선택을 하게 되었다고 술회한다.

일론 머스크는 세간으로부터 많은 비난을 받은 사람 중의 하나이다.

실제로 그의 비평가들은 그가 실패하기를 기대했다. 그렇지만 그럴 때마다 그는 세상의 관심에 집중하기보다는 자신이 가장 중요하게 생각하는 아이디어의 실행에만 집중했다. 그럼으로써 '바보들이 하는 비난 때문에 잠 못 드는 날들'을 피할 수 있었다고 한다.

사실 누구에게나 어떤 위기나 실패를 겪을 때 받을 수 있는 세간의 조롱이나 비웃음이 가장 큰 부담이 되기도 한다. 그것은 내 경우에도 마찬가지였다. 다른 사람들이 나를 향해 던질지도 모를 비웃음을 극복하는 게 가장 힘들었다. 결국 다시 일어서는 데 필요한 정신력은 일론 머스크의 경우에서처럼 자신만의 패턴을 유지하는 게 가장 중요할 수도 있다.

존 고든의 『에너지 버스』에는 이런 말이 나온다. "불행히도, 대부분 사람은 위기를 겪고 나서야 비로소 변화해요. 이유는 잘 모르겠어요. … (그렇지만) 어떻게 되겠지 하고 마냥 기다려서는 안 돼요. 그래서 때로 위기가 필요하기도 해요."

위기의 진짜 모습은 절대로 위기 그 자체가 아니다. 위기의 진정한 목적은 인생의 고비를 통해 지금까지 미처 예상치 못했던 새로운 길을 발견하는 것이다. 그뿐만 아니라 그런 역경의 순간에 세상의 이치나 원리에 대해 눈을 뜨고 배우는 것에 있다.

그럼으로써 인생의 역경으로 인한 절망감으로 인해 당장은 앞이 캄캄하게 되더라도, 기꺼이 모든 것을 내려놓고 자신을 돌아보게 되는 일로써 삶에 도전이 될 수가 있다. 그걸 인정할 수 있다면 해결을 위한 마음의 어떤 준비도 가능하게 된다. 혹시 이 사실을 아는가? 사람은 어떠한 위기들로부터라도 회복하는 방법을 스스로 찾아낼 수 있도록 만들어진 존재라는 사실 말이다.

우리의 앞선 인생 선배들로부터 배우는 중요한 교훈 중의 하나는, 인생의 모든 문이 닫혀 끝장난 것 같은 때일지라도 절대 거기서 끝나는 법이 없다는 점이다. 마치 수련장에서 한 가지 기술의 연마를 끝마칠 때 거치는 테스트처럼 사람의 인생에서도 다음 단계로 넘어가기 위한 과정일 뿐이다. 그 테스트를 성공적으로 마치게 된다면 우린 한 단계 높아진 다음의 인생의 궤도를 타게 될 것이다.

힘든 일을 겪었을 때 절망하며 포기하는 사람과 그 절망을 딛고 더 큰 성취를 이뤄내는 사람의 차이점은 과연 어디에 있을까? 사람은 자신의 삶에서 일어나는 일들을 자기 마음대로 선택할 수가 없다. 그러나 역경이 닥쳐왔을 때 우리 안에서 일어나게 되는 반응은 전적으로 우리의 선택 사항이다.

이는 바로 우리 관점으로 인해 나타나는 반응을 의미한다. 아무리 힘든 상황일지라도 우리의 시야를 조금만 돌릴 수 있다면 얼마든지 다른 결과를 얻어낼 수가 있다. 이미 엎질러진 문제를 계속 생각하면서 붙잡고 있다면 상황은 더욱 힘들어질 수밖에 없고 그 결과도 참담하게 될 뿐이다.

따라서 뒤를 돌아보며 회한에 빠져 있기보다는 시선을 돌려 앞을 향해 봄으로써 준비된 다음의 단계로 넘어가는 게 필요하다. 이렇게만 할 수 있다면 위기는 바로 새로운 기회로 건너가게 하는 다리의 역할을 하게 된다. 그러면 그 새로운 기회는 다시 열정을 불러올 수 있게 만들고 힘들게만 생각되던 삶은 다시 새로운 기대로 충만해질 것이다.

아무리 해결하기 힘든 위기일지라도 긍정적인 태도를 지닌 사람과 만나게 되면 훨씬 더 멋진 결과로 나타나는 것을 종종 볼 수가 있다. 그런 태도란 더 큰 삶의 의미를 찾아내어 그 속에 숨겨진 보화들을 거둘 수 있는 능력이다.

이런 사람들은 풍부한 상상력을 갖고 있다. 자신의 온전한 모습을 이미지로 투영하여 성공적인 자신의 모습을 보는 것이다. 눈앞에 당장 직면한 도전을 두려워하기보다는 기꺼이 정면으로 마주하여, 그 도전을 넘어 이루게 될 자신의 모습을 미리 봄으로써 새로운 인생의 길을 찾아간다.

그들은 자기에게 닥친 역경의 원인을 그 누구도 아닌 바로 자신의 책임이라고 정직하게 인정한다. 자신도 어찌할 수 없는 세상이나 다른 사람에게 책임을 전가하여 자신을 영원한 피해자로 만드는 잘못을 범하지 않는 것이다. 이런 면에서 위기관리 능력은 긍정적인 사고방식과 연결된 것처럼 보인다. 왜 위기에 닥쳤을 때 어떤 사람은 긍정적 사고로 더 흥하게 되는가 하면 또 누구는 부정적인 사고로 헤어나오지 못하게 되는 것일까?

성공하는 사람들은 원래부터 삶에 장애가 존재함을 너무도 잘 이해하고 있다. 그리고 그런 위기야말로 변형된 기회임을 잘 알고 있다. 그래서 비록 힘이 들더라도 성공한 사람들은 역경을 충분히 이겨낼 뿐 아니라 오히려 기적과 같은 성공으로 바꿔버리는 것이다.

힘든 어려움을 겪게 되는 보통의 사람은 자신이 가지고 있는 환경에 대해 감사하기가 쉽지 않다. 하지만 긍정적인 사람들은 위기에서조차 온전히 감사하는 경험을 나누고 있는 것을 어렵지 않게 볼 수 있다. 그 이유는 긍정적 사고의 배후에는 '감사'라는 크나큰 비밀이 숨겨져 있기 때문이다.

감사를 모르는 사람이 긍정적이기가 몹시 어려운 것도 바로 그런 이유 때문이다. 앞으로 이 책을 읽어나가는 동안, 이 아무것도 아닌 것처럼 보이는 '감사'란 것이 어떻게 사람들을 그처럼 매력 있게 바꿔놓는지 보게 될 것이다.

어떤 위기라도 감사를 통해 아름다운 기회로 거듭나는 비밀을 기억하기를 소망해본다.

매일 기적을 만나는 삶

삶에서 만나는 기적

1995년에 필자는 미국 텍사스에 있는 댈러스 신학 대학(Dallas Theological Seminary)으로의 유학 준비를 하고 있었다. 학교의 입학 승인을 이미 받아놓은 상태였고 살던 집도 처분했다. 그리고 마지막 단계로 당시에 다니고 있던 회사에 마지막 출근 일자를 통보했다.

이제 남은 것은 미 대사관으로부터 필요한 비자만 받으면 되었다.

1년이 넘는 기간 동안 유학을 준비하면서 많은 단계를 거쳐야 했다. 그렇지만 그 모든 절차가 지극히 순조롭게 진행되어 나의 유학이 분명히 그분의 뜻이라고 확신을 했었다. 어느 하나 나의 길이 아니라는 징조가 보이질 않았다.

드디어 대사관에서 인터뷰가 예정된 날, 우리 가족은 비자 심사를 하는 영사 앞으로 안내되었다. 긴장되기는 했어도 미국 입국이 거부되리라고는 꿈에도 상상하지 않았다. 하지만 결과는 그렇지를 못했다. 불과 일 분도 채 안 되는 시간에 우리의 모든 비자 수속 서류와 내 여권에 있던 미국 상용 비자에도 붉은 줄이 그어졌다.

삶의 큰 기류가 바뀌는 순간이었다. 그렇게 미국으로의 유학은 한순간에 끝이나버렸다. 혹자는 몇 달 뒤에 다시 수속을 진행해보라고 했지만, 그것에 나는 동의할 수가 없었다. 그 일이 있고 나서 두어 달 동안 우리 집은 그야말로 비상 체제로 생활을 해야만 했다. 그 사이에 스트레스로 인해 아내의 건강에 이상이 생겨 긴급히 치료를 받아야 하는 상황까지 되었다.

모든 게 엉킨 상태로 지내던 어느 날, 아내와 난 계좌 정리를 위해 은행에 들르게 되었다. 은행에서 차례를 기다리며 대기하는 동안 탁자 옆에 있던 책꽂이에서 〈빛과 소금〉이라는 목회 잡지를 무심코 집어 들었다. 그냥 생각 없이 몇 장을 넘기던 중에 뉴질랜드의 어느 신학교 하나를 소개하는 작은 페이지를 보게 되었다. 읽다 보니 내가 원하는 성격의 학교와 잘 맞는 듯했다.

집에 돌아온 난 전혀 생각지도 못했던 뉴질랜드란 나라에 대해서 리서치를 시작했다. 그 나라에 관한 정보가 전혀 없었던 관계로 결국 뉴질랜드 대사관으로 유학에 관한 문의를 해야 했다. 그리고 상담원과의 통화를 하면서 내가 뉴질랜드의 영주권을 자동으로 받을 수 있는 자격이 있다는 사실을 알게 되었다. 그뿐 아니라 우리 가족이 영주권자로 이민할 때 받게 될 국가의 혜택에 대해서도 자세히 안내를 받을 수 있었다.

그로부터 몇 달 후, 우리 가족은 영주권을 받아 뉴질랜드의 오클랜드 공항에 내리게 된다. 이렇게 떠나게 된 뉴질랜드 이민은 내가 공부하는 동안 우리 가족에게 주어질 많은 숙제에 대한 답을 일시에 해결할 수 있는 기가 막힌 방법이었다. 그야말로 '신의 한 수'와 같았다.

하나님은 내가 같은 신학 공부를 하면서도 내가 원하던 나라의 학교가 아닌, 제3국의 학교에서 공부를 이어가게 하셨다. 그곳에서 우리 가족이 안전하게 머물게 하셨고 또한 다음의 인생 여행지를 준비하게 하셨다.

비록 학업 후에 신학을 이어가는 일을 내려놓았지만, 그 또한 신의 한 수와 같은, 값진 인생의 경로였다. 당시로는 전혀 이해되지 않던 방법으로 때맞춰 나아갈 길이 변경되었고 또 그 길을 가도록 이름 없는 어느 은행의 잡지를 통해, 물고기 입 안의 동전과 같은 정보를 얻도록 하셨다.

우리 가족에게 뉴질랜드라는 곳은 흡사 심한 흉년의 때에 야곱의 가족이 인도된 이집트 고센 땅 같았다. 그때는 이런 변화가 엄청난 혼돈처럼 다가와 그 의미를 우리로서는 전혀 알 수가 없었지만, 이제 돌이켜 생각하면서 그 일이 우리 가족에게 철저히 준비된 기적이었음을 깨닫게 되었다.

일상에서 만나는 작은 기적들

아침마다 출근하면서 배웅하는 아내에게 난 이야기하곤 한다. "여보,

오늘은 어떤 기적이 기다리고 있을까?" 필자는 알베르트 아인슈타인의 다음 말을 너무 좋아한다.

"세상을 보는 데는 두 가지 방법이 있다. 모든 만남을 우연으로 보는 것과 기적으로 보는 것이다."

미국으로 이주 후, 현업에 종사하면서 작은 것 하나까지도 진짜 기적처럼 느껴진 일들이 정말 많았다. 특히 기대하지 않았던 전화를 받는 일이 많았다. 의외의 인물들뿐만 아니라 마음으로만 생각하던 인재들도 연락을 해줘 같이 일해보고 싶다는 연락도 많이 받았다. 미처 기대하지도 못했던 이렇게 놀라운 연결들이 어떻게 이루어진 건지 그 정체를 파악하기가 힘들었다.

시편을 읽으면서 하나님을 행해 던지던 질문들에 대한 답변이 나에게 전달되던 방법들도 내겐 기적이었다. 앞의 뉴질랜드에서 살면서 그분께 많은 질문을 던지곤 했었다.

"하필 왜 이런 일이 닥친 건가요?"

"그땐 제게 왜 대답하지 않으셨어요?"

어느 날 오클랜드 근교에 있는 피하(Piha) 비치를 지나가는 길에 내게 조용한 생각이 갑자기 따뜻한 느낌처럼 흘러들어왔다.

"사랑하는 아들아! 넌 내게 왜 대답을 안 해주느냐고 물었지? 넌 내가 네게 얼마나 큰 소리로 말했는지 모르지? 내가 말할 때 듣지를 못하더구나. 그렇지만 상관없단다. 네가 어느 곳으로 가든지 거기엔 내가 있단다."

나중에 미국으로의 이주를 생각하면서 내가 또다시 허공에다 얘기하는 것처럼 물었을 때도 유사한 대답이 들렸던 것 같다. "걱정하지 말고 네 마음이 열리는 곳으로 가렴. 넌 혼자가 아니라는 것만 기억하면 된단다."

구약의 인물들을 보면서 그들이 겨우 몇 번 하나님의 음성을 들었을 뿐인데도 어떻게 그들이 그 오랜 시간 자신들의 믿음을 지켜낼 수 있었는지 종종 궁금했었다. 그런데 이제는 알 것도 같다. 내게 느낌처럼 전해지턴 대답들은 빈번하지는 않았어도 내게 계속 머물고 있었다. 그건 기적이었다. 내가 대답을 듣지 못할 때는 바로 내 생각에 빠져 있을 때였다. 그러나 그조차도 문제가 되지 않은 것이다. 조금 돌아가게는 되겠지만 결국엔 약속대로 제자리에 도착하게 될 것이기 때문이다.

그런 내 여정의 길에 일어난 작은 기적 하나는 바로 내가 글을 쓰는 작가가 되었다는 사실이다. 이런 일이 일어났던 과정엔 그야말로 기적과 같은 진행이 있었다. 내게 닥쳤던 힘든 일들이 그냥 그걸로 끝난 것이 아니라 나만의 스토리로 다시 태어나 책으로 나타났다. 나의 실패가 그냥 실패로 머물러 있지 않고 나를 다시 세워주는 힘이 되었음이다.

우리는 누구나 각자의 기적을 체험하며 살고 있다. 주목만 한다면 누구에게든 보여질 것이다. 그것은 결코 우연이 아니다. 기적을 볼 수 있다면 기적들은 우리의 일상에서 항상 우리 주위에 머물게 될 것이다.

이 글을 읽는 모든 분에게 기적 누리는 삶이 있기를 축복한다.

이유가 없어도 감사할 수 있다

감사란 무엇일까?

우리는 일상의 삶에서 종종 "감사합니다." 또는 "고맙습니다."라는 말을 하면서 산다. 왜 이런 표현을 하는 것일까? 그 이유는 전혀 어려울 게 없다. 우리가 이런 말을 할 때는 뭔가 내게 좋은 일이 분명히 있었기 때문이다. 기분 좋은 일을 인지하는 건 전혀 어려운 일이 아니다.

감사란 바로 이렇게 삶에서 좋은 일이 있었음을 찾아 인식하고 그 대상을 찾아 고마움을 표현하는 일이다.

그런데 이보다 한 발 더 나아가서 감사란 나의 형편과 상관없이 무엇에서든 긍정을 찾게 만들어내는 능력이기도 하다. 장 칼뱅의 말을 인용해본다. 그는 "우리는 비처럼 쏟아지는 풍요한 축복에 젖어 있고 어디를 바라보든 크나큰 기적들이 무수히 보인다. 그러므로 감사를 느껴야 하는 이유는 항상 충분하다."라고 말하고 있다. 그의 말에서 나의 형편과 관계없이도 감사를 느낄 수가 있다는 이유를 아울러 생각해볼 수가 있다.

우리는 감사를 해야겠다고 생각하면 무언가 그럴 만한 것이 있는지 먼저 기억해내려 한다. 그러나 칼뱅은 내리는 비를 피할 수 없는 것처럼 우리에게는 이미 감사할 만한 것들이 충분히 있다고 확인해주고 있다. 이미 풍요한 축복을 온몸이 젖을 만큼 누리고 있기 때문이다.

사람들은 보통 무엇을 많이 가지고도 잘 만족할 줄을 모른다. 그래서 주위에는 자신에 대해 쉽사리 불만을 털어놓는 경우를 종종 본다. 그들은 늘 뭔가에 갈급하다. 겉으로는 잘사는 듯 보이지만 조금만 살펴보면 그들의 정신은 초라하고 궁핍하다. 항상 더 많은 것들을 원하기 때문에 작은 것에서 오는 아름다움에 대한 고마움을 보지 못한다. 이런 때에는 칼뱅의 말을 음미해볼 필요가 있다.

따라서 감사를 알게 됐다는 것은 행복을 깨닫게 됐다는 뜻이기도 하다. 사람들이 행복을 느끼는 정도는 자신이 처한 형편이 아닌, 그 형편을 바라보는 관점에 달려 있다. 이런 관점의 변화엔 작은 만족들이 함께한다. 그 관점에 만족한 감사가 담겨 있다면 그는 이미 행복한 세상에 사는 것이 된다.

형편에 상관없이 얼마든지 감사가 가능한 것은 바로 이런 이유에서다. 종종 보면 어떤 사람들이 스스로 행복하다고는 말하지만 뭔가 공허하게 느껴지는 이유는 그들의 삶에서 감사하는 진지한 모습을 발견할 수 없기 때문이다. 의미를 찾지 못하는 행복은 오래가지 못하는 법이다.

긍정적인 자세를 갖는 것에도 마찬가지다. 사람이 긍정적이라면 어떤 경우에서도 반드시 그 중심에는 먼저 감사가 있을 수밖에 없다. 감사는 부정적인 마음을 긍정으로 건너게 하는 다리의 역할을 하기 때문이다. 감사함을 모르는 사람이 진정 긍정적일 수가 없는 것도 바로 그런 이유에서다.

사람은 자신에게 주어진 것에 대하여 진정한 감사를 떠올리는 순간 승리감에 빠질 때와 같은 감정 상태가 된다고 한다. 승리의 순간엔 엔도르핀보다 4,000배나 더 강한 다이돌핀이 나온다고 한다. 이에 비해 엔도르핀은 단순히 기쁘거나 기분 좋을 때만 분비되는 호르몬이다. 감사의 순간에 갖게 되는 감정은 그만큼 탁월한 것이다. 신체적으로도 감사야말로 사람들이 가장 손쉽게 행복으로 들어가는 방법인 것이다.

그 반대 상황에 해당하는 경우도 있다. 화를 잘 내는 사람의 호흡과 웃는 사람의 공기를 모아 모기를 넣어보았더니 화를 잘 내는 사람의 공기에 들어간 모기는 모두 죽었다고 한다. 이로써 우리 스스로에게도 짜증이나 화를 내며 사는 게 얼마나 불행한 건지 간단히 짐작할 수가 있다. 만약 직장이나 자기의 주위에 이런 부정적인 환경이 있다면 신속히 개선할 필요가 있다. 그로 인해 빚어질 결과는 명확하기 때문이다.

감사는 내가 아닌 다른 사람을 향한 감정이다. 감사를 느낄 때 사람은 행복을 다른 사람과 함께 나누고 싶어 하는 마음이 생긴다. 따라서 감사하는 마음속에는 상대방이 잘되기를 바라는 마음과 상대가 마땅히 받아야 할 고마움에 대한 배려가 들어 있어 인간관계에 긍정적으로 작용한다.

어려움을 딛고 성공한 사람들의 언어의 공통점은 감사가 함께한다는 사실이다. 사람들과의 관계에서 감사를 느낄 수 있을 때 비로소 인생은 좋은 것이며 또 살 만한 가치가 있음도 인정하게 된다. 사람은 고마움을 느낄 때 사랑, 용서, 기쁨, 행복과 같은 긍정적인 감정도 함께 느끼게 된다. 이런 경우, 감사는 분노, 반감, 질투, 비통함 같은 부정적 생각에 대한 방어막이 되어준다. 우리 자신 안에서 감사로 충만해지는 일은 밖으로 부자가 되는 일에 못지않게 중요함을 기억해야 할 것이다.

감사의 나비 효과

내가 가지지 못한 것을 불평하기보다 이미 가진 것들에 감사할 때 나타나는 긍정적 효과를 기대할 수 있다. 감사의 대상은 비록 작은 것이어도 상관없다. 감사하는 습관을 지녀보라. 함께하는 사람들에게 감사해보라. 감사한 마음으로 살면 더 많은 감사해야 할 것들이 절로 찾아오게 된다. 그야말로 이 세상에서 가장 행복한 사람은 감사하는 사람이다.

필자도 낙담으로 인해 힘들어하던 시절에 그 원인을 생각하며 깨달은 것이 있었다. 내가 당시에 겪던 답답한 현실은 어제오늘 갑자기 발생한 것이 아니었다. 그것은 지나간 시간 어딘가에 무심코 행했던 부정적인 언어나 행동이 있었다는 점이다. 그 작은 부정적 행위들이 돌고 돌다가 때가 되자 그 모습을 나 자신에게 나타낸 것뿐이다.

과거의 그 시간에 내가 부정적인 생각보다 감사를 기억했더라면 나중의 결과는 판이했을 것이다. 그 말은 이 시간 나의 처지가 어떻든 내가 지금 심어야 할 것이 정해져 있다는 뜻이다. 그것은 바로 긍정이고 감사고 행복한 느낌이다. 그런 긍정적 느낌은 나비 효과에 의해 앞으로의 시간에 밝은 현실을 보여줄 것이기 때문이다.

나의 형편에 상관없이 감사하는 마음을 가질 수 있다면 거기엔 세상이 거부할 수 없는 행복이 있다. 그래서 감사하는 것이 중요하다. 자신이 이미 소유하고 누리는 것들에 대해 감사할 수 있다면 지금 우리를 힘들게 하는 한두 가지로 인해 절대 감사하지 못할 것도 없다는 것을 알 수 있다.

감사의 힘은 단순한 느낌을 뛰어넘는다. 감사하면 겸손해진다. 사람은 누구나 빚을 지고 살기 마련이다. 그렇지만 감사의 빚은 오히려 축복이 된다. 다른 사람의 도움이 없었으면 지금의 나도 없었을 것이라는 인식이 바로 감사이기 때문이다.

감사는 단순히 '고맙다'라는 느낌 또는 표현을 넘어서는 중요한 선택이고 의지이다. 감사를 느끼고 또 표현하는 것으로 당장 효과를 보지 못한다고 하더라도 주어진 것에 만족하고 감사하는 생활을 습관화한다면, 이전에 결코 느낄 수 없었던 삶에 대한 긍정적인 결과가 나타나게 될 것이다. 그럼으로써 따뜻한 시선으로 내 주변의 사람들과 세상을 바라볼 수 있을 것이다.

감사할 줄 아는 능력은 참으로 탁월한 것이다. 행복과 불행이 종이 한 장 차이라고 하지만 감사는 행복과 불행을 가름하는 중요한 기준점이 된다. 바로 지금, 이 순간 그렇게 감사함으로써 삶은 행복으로 향하게 될 것이다.

05

날마다 감사할 일이 더 많아지고 있다

매일 100가지 감사 도전하기

이어령 교수에 의하면 감사하는 행위는 벽에다 던지는 공과 같아 항상 자기 자신에게로 돌아오는 것과 같다고 한다. 몇 년 전에 필자는 자신의 문제를 극복하기 위한 방법을 이리저리 찾다가 때마침 읽던 책에서 도전을 받고 100일간 하루 100가지씩 감사하기를 해본 적이 있다. 너무 힘이 들었던 때여서 무엇이든 해결책을 찾고 싶어 무작정 따라 해보기로 시작한 일이었다.

감사 거리를 생각한다는 것은 정말 생소한 일이었다. 처음 시작할 땐 감사할 만한 게 별로 생각이 나지가 않았다. 평생 교회를 다니면서 '하나님, 감사합니다!'란 고백은 많이 했는데 내 주변을 돌아보면서 감사의 제목을 찾는 게 전혀 쉽지 않았다.

그래서 우선 내게 심정적으로라도 감사할 만하다고 느껴지는 것들을 찾아보고자 했다. 그렇지만 그것을 찾는 게 생각만큼 쉽지 않았다. 당연히 많아야 할 거 같은데 제대로 감사의 느낌을 주는 건 별로 많지 않았다. 하루 100개는커녕 단 10개도 힘이 들었다.

하는 수 없이 눈에 보이는 것들을 닥치는 대로 적었다. 전혀 감사하게 느껴지지 않는 것들도 무조건 적었던 것 같다. 심지어 내가 좋아하는 색이 하늘색이어서 감사하다고까지 적었다. 이때 생겼던 질문 하나가 감사의 기분이 전혀 들지 않음에도 과연 감사라고 말해도 도움이 되는 것일까 하는 것이었다.

100가지 감사 적기는 너무 많았다. 작정한 대로 이것저것 적기는 했지만 진짜 감사가 느껴지는 것은 별로 많지가 않았다. 그렇지만 감사의 느낌 주심이 감사하다고 그냥 적어버렸다. 또 걱정거리가 생겨도 해결되어 감사하다고 적었다.

읽었던 책에 나온 말들이 사실이라면 분명 어떤 변화가 내 마음에 생기지 않을까 하는 기대감이 은근히 있었다. 신기하게도 100일 중 절반쯤 지났을 무렵부터 조금씩 내 느낌이 달라지는 걸 느낄 수가 있었다.

우선 아침에 눈을 뜨면 살아 있음이 느껴졌다. 침대의 따뜻하고 까칠까칠한 촉감에 기분이 좋았다. 새벽 화장실에 비친 부스스한 내 얼굴에 씩 웃어주기도 했다. 샤워하면서 노래를 흥얼거리기도 했다. 이 무슨 변화일까? 그동안은 마음에 가득한 속상함으로 인해서 얼굴에 웃음기라곤 전혀 없었던 나였다.

보기 싫은 건 여전했지만 조금씩 생기기 시작한 작은 변화 하나는 그 미움의 대상이 이전만큼 보기 싫게 느껴지지 않는다는 점이었다. 그걸 보면서 어쩌면 감사가 또 다른 감사를 불러오는 게 정말 맞는지도 모른다는 생각이 들었다.

드디어 목표로 한 100일째 날이 되어 다음과 같이 감상을 적었다.

"돌이켜보면 내가 얻은 가장 큰 소득은 바로 나 자신과의 화해이지 않았을까 생각된다. 100가지 감사를 생각하다 보니 내 먼 과거로 돌아가 지금에서야 비로소 감사하게 되는 일들이 꽤 많았다. 만족스럽지 않던 학창 생활, 어려웠던 집안 형편들, 부모님과 가족들, 초기의 신앙생활과 그동안의 직장 생활들, 또 이민 생활들….

그리고 또 하나의 소득이라면 이젠 내 안의 감정에 좀 더 민감해진 것도 큰 진전인 듯하다. 여기서 말하는 감정이란 내가 매 순간 매일 느끼는 '좋은 감정'을 놓치지 않겠다는 마음가짐을 말한다. 아무리 실망스러운 일이 생겨도 이 좋은 감정을 유지하는 데 최선을 다해보겠다는 결심이라고나 할까…."

이 신비한 100일 동안에 나의 외부에도 여러 가지 긍정적 변화들이 일어났다. 그간 내가 입은 손실을 잊어도 좋을 만큼 좋은 일들이 뒤따랐다. 감사가 또 다른 감사를 불러오게 됨을 몸소 겪은 경험이었다.

감사를 인지하는 실험들

감사는 누구나 일상 속에서 느낄 수 있는 감정이지만 사람들의 흥미를 끌 만큼 복잡하지 않다고 지금껏 여겨져왔다. 감사하는 능력이 심리적, 신체적 그리고 사회적 관계의 측면에서 인간의 삶을 눈에 띄게 바꿀 수 있음이 간과되어 온 것도 사실이다.

캘리포니아대학교의 로버트 이먼스 교수는 1980년대 후반 '행복과 목표의 추구'에 관한 연구에 착수했고, 1998년부터는 행복의 여러 요소 가운데 '감사'에 초점을 맞추어 연구를 발전시키면서 감사가 인간의 행복을 느끼게 하는 능력을 강화한다는 사실을 과학적으로 밝히는 시도를 해오고 있다.

그의 감사 연구 대상자 중 어떤 사람들은 감사로 인해 자신들의 삶이 완전히 변화되었다고 진술하고 있다. 또 대상자의 주변 인물들도 감사를 실천하는 당사자가 이전보다 훨씬 행복해하고 있음을 증언했다. 즉 감사를 통해 행복의 수준이 결정된다는 사실로 결론 맺고 있다.

그의 감사 실험에서는 참여자 대상자들을 세 팀으로 나누었다. 첫 번째 팀에는 감사를, 두 번째 팀에는 불평을, 그리고 세 번째 팀엔 어떠한 감정도 유입하지 않았다. 10주간 관찰하는 동안 첫 번째 감사팀은 다른 팀에 비해 25%나 더 많이 행복한 것이 관찰되었다.

감사팀은 건강 문제가 비교적 적었고 더 많은 시간 운동에 참여하였다. 또 불평팀보다 일에 더 흥미를 느꼈고 집중력도 높았다. 그리고 매일 밤, 잠도 깊이 잤고, 기상할 때에도 개운함을 느꼈으며 주변 사람이 어려움에 부딪혔을 때도 기꺼이 도움을 주었다. 즉, 감사가 사람들과의 관계를 더욱 친근하게 만들며 선행의 동기도 된다는 것을 알 수 있었다.

이 실험은 신경근질환이나 척추근무력증 등과 같이 심각한 건강상 문제가 있는 환자들에게도 유사한 결과를 보여주었다. 감사팀의 행복감은 연구가 끝나고 6개월 뒤에도 여전히 25%나 더 높은 행복의 수준을 유지했다.

통계에 의하면 감사하는 사람들은 평균 수명이 9년까지 늘어난다고 한다. 그리고 감사하며 학창 시절을 보낸 대학생들을 추적한 결과 16년 뒤의 연평균 수입이 2만5천 달러나 더 높았다고 한다. 이 밖에도 심장 이식

수술을 받은 환자들을 대상으로 수술 후 추적한 결과에 의하면 감사가 환자들의 신체적 및 정신적 건강과도 밀접한 긍정적 상관관계가 있다는 사실이 밝혀지고 있다.

이처럼 감사는 단순한 느낌을 뛰어넘는 힘을 갖고 있음을 여러 실험을 통해서도 확인되었다. 감사는 하면 할수록 감사할 일이 더 많아짐도 나의 경험을 통해 깨달았다. 그래서 감사를 한다는 것은 사람의 지평을 활짝 펴는 일이기도 하다. 감사는 궁극적으로 사람들이 바라는 행복에 이르게 하는 비밀의 열쇠인 것이다.

06

행복해서 감사한 게 아니라 감사해서 행복하다

행복한 사람들

하버드대의 심리학자 하워드 가드너는 "행복한 자는 있는 것을 사랑하고 불행한 자는 없는 것을 사랑한다."라고 말했다. 여기에 행복한 자와 불행한 자의 구분이 잘 나타나 있다.

많은 사람이 행복이라는 인생의 목표를 추구하고 있지만, 이들이 생각하는 행복의 의미는 아무래도 자신의 내면에서보다는 외부의 물질적인 목표에 달려 있다. 이들은 자신들이 원하고 추구하던 외부적 성취를 이루었을 때에야 비로소 추구하던 행복이 나타나게 될 것이라고 믿는다. 그런 이유로 인해서 그토록 자신이 원하는 행복을 마지막 순간까지 유보한다.

필자도 그렇게 살아왔음을 부인하지 않는다. 지난 긴 세월 동안 나중에 좋은 것을 한꺼번에(?) 누리기 위해, 매일의 즐거움을 기꺼이 미루면서 살아온 것이다, 그렇게 매일의 목표를 향해서 매진하곤 했다. 그리고는 자신에게 '아직은 아냐. 조금만 더 참자.'라며 다독였다.

미국에 이민 와서 사는 민족 중에 한국 사람들은 비교적 윤택하게 사는 편이라고 생각된다. 이민 1세대로 정착한 교민들은 정말 열심히 살아온 분들이다. 그러나 이들은 좋은 나라에 살면서도 지금 당장 제대로 누리지를 못하고 나중을 기약한 채 살아가는 사람들이 많다.

이들의 가장 큰 목표는 자녀들의 교육이고 또 그들의 성공을 보는 일이다. 자식들이 제대로 자리를 잡을 때까지 이민 1세대는 쉬지를 않는다. 이들에게 있어서 행복이란 그저 자식들이 잘되는 것을 보는 일이다. 따라서 정작 자신들의 가장 중요한 행복은 속절없이 제일 뒷순위로 밀려버린 것이다. 나 자신도 이걸 깨닫는 게 쉽지 않았다.

행복이란 관점의 변화다. 사람이 살면서 겪게 되는 여러 상황을 어떻게 해석하느냐에 따라, 그리고 어디에 집중하느냐에 따라 얼마든지 달라진다. 마음먹기 따라서는 얼마든지 누릴 수 있다는 말이다.

또 행복은 습관이기도 하다. 행복한 사람들은 역경이 닥쳐왔을 때 다르게 행동한다. 인생의 흐름에 반항하거나 거슬러 살려고 하기보다는, 자신들이 부딪히는 고난들로부터 배우고 발전하는 모습을 보여준다. 이들은 자신들이 처한 역경으로부터 낙관적으로 앞을 바라봐야 하는 이유를 찾아내고 또 생각해낸다. 그럼으로써 새로운 기회들을 개척해가는 능력을 보여준다.

그러는 동안 그들은 또 다른 누군가에게 도움을 줌으로써 삶의 기쁨을 만들어간다. 대부분 사람은 주는 즐거움을 잘 알지 못한다. 대부분은 지극히 이기적이어서 자신들의 욕구가 채워지는 것이 항상 우선이다. 하지만 행복한 사람들의 인생 태도는 받는 것보다 주는 것으로 인해 더 큰 즐거움을 삼는다.

또 이들은 설사 세상으로부터 자신들이 배신을 당한다 해도 억울함에 매달리지 않는다. 그로 인해 삶에 미칠 부정적 영향을 너무도 잘 이해하고 있기 때문이다. 차라리 과거보다는 앞으로 다가올 일에서 기대를 건다.

그들은 꿈을 이루는 과정 동안 긍정적인 태도를 견지한다. 다른 사람들을 비판하는 대신, 사랑으로 상대가 최고의 모습을 이루어가는 걸 바라본다. 불행한 사람들과 달리, 행복한 사람들은 스스로의 불안정함을 넘어서기 위해 다른 사람들을 비판할 필요를 느끼지 못한다.

성공하는 인생을 살고자 하는 것은 세상의 조건들보다 행복을 좇아 사는 일이다. 행복한 사람은 마음을 열어 자신의 주변 사람을 살피고 자신들이 가진 긍정 에너지를 나눠주면서 더 큰 행복으로 옮겨간다. 행복할 수 있는 삶의 관점을 갖고 있기에 만족감과 함께 삶의 여유도 유지해간다.

더 이상 먼 곳에서 행복을 찾지 않아도 된다. 더 큰 행복을 찾아 방황할 필요가 없다. 진정한 행복은 나와 가장 가까이에 얼마든지 있기 때문이다. 내 시선이 가 닿는 곳, 마음이 머무는 곳, 바로 그곳에 행복이 머물고 있기 때문이다.

행복의 정체

과연 감사가 없이도 행복할 수 있을까? 행복을 느낄 수 있을까?

전광 목사는 미국 유학 중에 작은 이쑤시개 하나로 인해 자신의 아이가 크나큰 고통 중에 처하는 사고를 당하게 되었다. 아버지이자 목사로서 그 어려움을 극복하는 중에 감사일기를 쓰기 시작했다. 이 일로 인해 그의 인생은 엄청나게 달라지게 되었다.

그가 쓴 자신의 책 『평생 감사』에서 "남들보다 가진 것이 없어도 있는 것에 대해서 자족하고 작은 것이라도 내 삶을 채워주는 조건이 있다면 감사하며 사는 것이 곧 행복이다. 그래서 칼 힐티는 그의 '행복론'에서 행복의 첫 번째 조건을 감사로 꼽았다."라고 적고 있다.

그에게 감사는 '행복을 여는 열쇠'였다. 그래서 "사람은 행복해서 감사하는 것이 아니라 감사하며 살기 때문에 행복해지는 것"이라고 그는 행복에 대해 결론을 맺는다.

인간의 참된 행복은 감사에서 비롯되는 게 맞다. 여타의 외부 조건들이 충족되어 행복해짐으로 감사한 게 아니라, 작은 것에서라도 감사를 함으로써, 외부의 조건과 상관없이 얼마든지 행복해질 수 있는 것이다. 이것이야말로 참된 행복의 수준이다.

우리 안에 있는 감사의 마음은 사람으로 하여금 천국의 평안을 누리게 한다. 진정한 행복은 감사에 있기 때문이다. 그래서 감사가 없는 행복이란 공허할 수밖에 없다.

『그래도 감사합니다』라는 수필집의 작가, 김준수 씨는 "행복이란 무엇일까요? 그것은 감사하는 삶입니다."라며 단 한 줄로 행복을 정의했다. 그에 의하면 감사의 적은 불만족과 불평이고 그렇게 불평하는 사람들은 불행해질 수밖에 없다. 불평과 행복은 결코 함께할 수 없기 때문이다.

18세기 영국 복음주의 운동가이자 저술가인 윌리엄 로도 "감사하는 영혼은 모든 것을 복되게 만든다."라고 했다. 그에 의하면 행복을 만드는 습관은 바로 감사에 달려 있다. 작더라도 일상의 삶에서 감사를 발견한다면 그것은 행복의 문으로 들어서는 것과 같다. 행복의 조건은 가지고 싶은 것을 가진다든가, 되고 싶은 것이 된다든가, 하고 싶은 것을 한다든가 해서 오지 않는다. 사람들이 일반적으로 생각하는 것과 달리, 행복이란 자신에게 없는 것에 초점을 맞추는 것이 아니다. 자신에게 이미 있는 것을 기억하고 그것에 만족할 줄 아는 태도를 말한다. 그렇게 생긴 만족은 감사로 연결된다.

자신에게 있는 것을 소중하게 여기고 감사할 수만 있다면 바로 행복한 인생이다. 없는 것을 불평하기보다는 이미 갖고 있는 것에 대한 감사를 기억할 수 있을 때 비로소 행복한 인생이 되는 것이다.

감사는 무슨 공식이나 정답이 있는 것이 아니다. 자기 자신만이 결정할 수 있는 각자의 고유의 영역이다. 사소한 것으로부터 감사를 발견하는 태도야말로 행복에 이르게 하는 기술이다.

내 삶을 바꾼 감사 프로젝트

일반 사업 현장의 감사 프로젝트들

〈월간 조선〉 뉴스룸(2013. 06)에는 경기도 군포에서 농사를 짓는 손동걸 씨의 이야기가 실려 있다. 그는 전년도 태풍에 논의 벼가 다 쓰러져 망연자실했던 기억을 떠올렸다. 아무것도 할 수 있는 게 없었을 때, 그는 논 주위를 오가며 "감사합니다."라고 인사하기 시작했다. 쓰러진 벼 앞에서 "감사합니다." 하고 인사를 했는데 열흘쯤 지난 후에 보니까 누워 있던 벼들이 일어선 것을 발견할 수 있었다. 그뿐만 아니라 나중에 확인해

보니 벼의 수확량도 전년보다 두 배 이상 더 많이 거두었다고 한다. 그는 또 자기 동생의 이야기도 소개했다. 동생은 직장암 말기 판정을 받았는데 계속 '감사하다'라고 기도하였다고 한다. 그리고 그는 암에서 완치됐다고 한다.

"감사의 효과는 그것을 확신하는 사람만 맛볼 수 있습니다. 감사는 쓰러진 벼뿐만 아니라 고난에 빠진 우리의 인생도 거뜬하게 일으켜 세워줄 것입니다."

포스코 포항제철소는 2011년 11월부터 감사 나눔 운동을 도입했다. 위로부터의 지시를 따르는 하향식이 아닌, 아래 조직에서부터 자율적으로 시행했다. 감사 노트에 하루 5개씩 감사한 일을 적고 '100가지 감사 쓰기', '사랑의 편지 쓰기' 등을 시행했다. 직원들은 기계에다 감사하다고 말하는 것뿐 아니라 감사하다고까지 써 붙였다. 포항제철소는 온갖 감사 문구로 얼룩덜룩해졌다고 한다. 그러자 놀랍게도 장비 고장률이 떨어지기 시작했는데 2010년 0.23%였던 장비 고장률은 감사 운동을 시작한 2011년 0.17%, 2012년에는 0.12%로 현저히 고장률이 줄어들었다. 또 품질결함률도 2010년 3.0%에서 2011년 2.38%, 2012년 1.82%로 줄었다.

"자동차 강판의 품질결함률이 도요타에서조차 2% 밑으로 내려가지 않았는데, 포스코 강판이 1.82%로 내려갔습니다. 설비는 그대로인데, 품질이 더 좋아진 것입니다. 무엇 때문일까요? 바로 벽마다 '감사합니다'라는 글을 붙여놓았기 때문입니다. 감사 운동이 도요타를 이긴 겁니다."라고 손욱 회장은 설명하고 있다.

아마도 이런 캠페인을 수행하는 동안 직원들의 기계에 관한 관심이 높아지고 따라서 보다 철저히 점검하는 등의 애착을 보이는 변화가 이런 큰 수확을 건지지 않았을까 생각된다. 운동에 참여한 직원들 각자의 삶에도 크나큰 변화로 나타났었을 것이다. 자신들만이 부여할 수 있는 가치로 인해 각자의 문제를 이겨낼 수 있는 '회복탄력성'이 나타난 걸로 회사는 평가하고 있다.

감사의 결심과 연습들

필자의 경우, 감사에 관해 본격적으로 생각하기 시작한 것은 타의에 의해 내가 그동안 쌓아 올렸던 모든 업무를 내려놓고 처음부터 다시 시작해야만 했던, 기억하기도 싫을 만큼 어려운 형편에 있던 때였다. 개인적으로는 배신감으로 인해 잠을 이루지 못할 만큼 힘들었던 때였다.

따지고 보면 남의 잘못은 어디에도 없었다. 모두 나 자신이 자초한 것들이었다. 단지 내가 알게 모르게 심어왔던 부정적인 의식들이 때가 되어 그 결과를 거둔 것뿐이었다. 그렇지만 의식의 깨어남에 대해 전혀 이해가 없었던 당시의 나로서는 전혀 받아들일 수가 없었던, 암담한 경험이었다.

일이 없어 남는 시간 동안 찾아 읽기 시작했던 책들이 다행히 큰 힘이 되어주었다. 그때 읽었던 책 중에 『한 줄의 기적, 감사일기』(양경윤 저, 쌤앤파커스) 등 감사에 관한 것들이 있었다. 사실 그때의 나에겐 감사란 주제는 전혀 어울리지 않았고 또 생각하지도 못하던 것이기도 했다.

어쨌든 책들을 읽는 동안, 각 저자들이 자신들의 인생 중 가장 낮은 지점에서 다시 올라올 수 있도록 만든 것이 바로 감사였다고 하는 고백과 경험이 과연 내게도 적용될 수 있을까 하는 궁금함이었다. 그들이 이구동성으로 말했던, 감사할 게 정말 하나도 없던 비참함의 지경에서 시작했다는 사실이 내게는 어떤 도전으로 다가왔던 것 같다.

그래서 나도 몇 가지를 정해서 즉시 행동으로 옮겨보기로 했다. 다음은 그때 정했던 행동 항목들이다.

1. 100일간 하루 100가지 감사하기
2. 긍정 언어 사용하기
3. 하루 한 가지씩 긍정 포스팅하기
4. 명상 시작하기

언어는 정말 그날부터 당장 부정적인 언어의 사용을 멈췄다. 간혹 앞에 당했던 일들로 인한 쓴 마음들이 올라오면 그대로 그 마음을 나 자신에게 인정해주었다. 그러면서 차차 많이 감정도 안정되었다. 쉽지 않은 연습이었다.

이때부터 설사 일이 안 되는 경우가 발생해도 즉각적인 반응을 멈추는 연습을 꾸준히 했다. 직장에서도 심히 부정적인 사람은 가능한 만큼 멀리 있도록 환경을 정리하는 방식을 함께 했다. 내 환경은 얼마든지 내가 선택적으로 만들 수 있다는 책의 조언을 따른 것이다.

하루 한 가지 긍정 포스팅하는 것은 페이스북을 이용했다. 읽던 책이나 노트에 메모하던 것 중에서 긍정에 관한 내용을 꾸준히 올렸다. 아마도 당시의 내 페이스북 친구들에게는 꽤나 의아해할 만한 내용도 나와의 약속을 지키기 위해서 계속 올렸다.

놀랍게도 이 포스팅 활동은 후에 필자가 작가가 되어 책을 쓰는 데까지 연결된다. 지금 필자가 쓰고 있는 이 책은 네 번째 책이다. 공저로 참가한 저서까지 치면 총 여섯 권을 쓰는 셈이다. 당시에 200명에 그쳤던 친구의 수는 지금 3,000명을 넘어가고 있다(facebook.com/cheers1215). 매일 사이버 공간에서 긍정을 나누고 있는 것이다.

또 명상을 배우고 싶어 회사가 있는 버지니아 페어팩스를 수소문해서 가까이 있는 명상 코스 하나에 등록했다. 그것은 초월명상 코스였다. 기독교인으로 살아온 세월이 길어 너무나 생소했지만, 뭐든 하지 않으면 못 견딜 것 같은 마음에 등록하고 지도를 받았다. 그리고는 해를 넘기며까지 꾸준하게 명상을 하며 마음 챙김을 조금씩 알게 되었다.

이 가운데서 나를 가장 많이 변화시킨 것은 아무래도 첫 번째 항목의

'100일간 하루 100가지 감사하기'가 아니었을까 생각된다. 필자도 여러 책에서 종종 이야기를 나눴지만 이는 정말 신비한 경험이었다. 그때의 당황스러움이나 생소함을 페이스북에 종종 나누기도 했는데 당시의 친구들로부터 많은 격려를 받았다. 좋은 친구들의 격려는 정말 많은 힘이 되었다.

이제 알게 된 사실은 지금까지 내게 있었던 일들이 참된 감사를 배우는 귀한 기회라는 점이다. "모든 것이 합력하여 선을 이룬다."라는 표현이 내게 꼭 맞았다. 나를 힘들게 한 그 일들에 대해서도 오히려 깊은 감사를 하고 있고 그 일로 내게 새로이 열린 세상에 대해서도 깊은 감사를 하고 있다.

08

고맙습니다. 나는 진실로 복 받은 자입니다

가까이서 만들 수 있는 행복들

행복은 이미 우리의 가장 가까운 곳에 있다. 바로 늘 나의 시선이 닿아 있는 곳이고 내 마음이 열려 있는 곳이다. 그런데도 많은 사람이 스스로 불행하다고 여기는 이유는 자신의 주위에 널려 있는 크고 작은 행복들을 제대로 눈여겨보지 않기 때문이다. 아주 조금만이라도 우리의 생각을 바꿔본다면 자신이 누리고 있는 복이 얼마나 많은지 알 것이다.

『하루 5분 생각이 인생을 결정한다』에서 이범준 작가는 이렇게 쓰고 있다. "정말 행복해지고 싶다면, 잠시 동안만이라도 가슴에 손을 얹고 생각해보라. 그러면 진정한 즐거움은, 발치에 돋아나는 잡초나 아침 햇살에 빛나는 꽃의 이슬과 같이 우리 주변에 무수히 널려 있다는 것을 알 수 있을 것이다."

그뿐인가? 날마다 우리에게 허락되는 시간은 어떤가? 그 시간이야말로 정말 복된 것이다. 오늘이란 시간은 우리의 남은 삶 중에 가장 젊고 멋진 날이다. 우리의 지난날 사진들을 보게 되면 자신의 모습에서 광채가 나듯, 오늘 보이는 우리 자신의 모습도 그와 전혀 다르지 않다. 오늘이야말로 내일보다 훨씬 멋진 모습을 보여줄 것이다.

현재의 시간에 존재하는 나의 모습처럼 아름다운 것은 없을 것이다. 지금 아무리 자신의 형편이 어렵고 초라해보여도 그런 것을 의식할 필요가 전혀 없다. 지난 시간의 힘들었던 때를 잘 견디어올 수 있었던 것은 바로 열정이 있었기 때문이다. 지금, 이 순간도 우리는 나이와 상관없이 바로 그 열정을 갖고 있다는 축복을 깨달아야 한다.

한편, 사람이 누군가의 단점을 기억하는 것은 지극히 인지상정이다. 그렇지만 잘못을 찾는 시선을 잠시 내려놓고 그가 내게 베풀어주었던 고마움을 기억할 수 있는 사람은 정말 복 받은 사람이다. 어디선가 자신이 일하는 직장의 상사에게 고마움을 표하는 직장인은 7%뿐이라는 통계를 본 적이 있다. 동료들 상호 간에 고마움을 표시하는 비율도 10% 정도에서 그쳤다고 한다. 하루의 가장 많은 시간을 보내야 하는 직장에서 이렇게 서로 인정을 받지 못한다면 이는 아주 심각하지 않을 수 없다.

『인생을 바꾸는 데는 단 하루도 걸리지 않는다』를 쓴 고바야시 세이칸에 의하면, 특별히 고맙다는 감정이 없더라도 감사하다고 계속 말을 하다 보면 큰 긍정적 변화가 생긴다고 한다. 우리의 감사로 우리 주위에 얼마든지 긍정적 변화를 만들어낼 수 있다는 말이다. 사람들과의 관계가 힘들다고 푸념만 하기보다는 이렇게 스스로 환경을 긍정적으로 만들 수 있다는 사실만으로도 너무 귀하지 않은가.

이렇게, 비록 세상에 혼자 남은 것과 같은 어려운 환경 중에서도 사람을 얼마든지 헤쳐나오게 하여 주는 것이 바로 감사함이다. 이 감사함을 배우고 또 실제로 생활 가운데 연습을 해보면서 바로 나 자신이 얼마나 복이 많은 사람인지를 깨달을 수가 있다.

자신을 괴롭히는 세상에 대하여 먼저 손을 내밀어 화해를 청하는 일은 쉽지 않겠지만 이 또한 우리에게 주어진 성장의 기회임을 안다면 얼마든지 시도해볼 만하지 않을까. 다만 너무 급히 서둘러 자신에게 무리가 가지 않도록 천천히 적응할 수 있는 시간을 허락한다면 모든 상황을 바꿔 나갈 수 있으리라 믿는다.

우리에게 주어지는 매일의 기적들

사람에게는 어떤 위기가 닥치면 이를 벗어날 수 있게 하는 위기관리 능력이 저절로 생긴다고 한다. 평상시라면 전혀 알 수 없던 숨겨진 능력이지만 자신의 생존 문제에 부닥치게 되면 자연스럽게 우리 안에서 발현되는 것이다. 평상시에는 전혀 알 수 없던 능력들이지만 때가 되면 자신을 위해 스스로 모습을 보여주는 것이다.

나는 이런 걸 '매일의 기적'(Daily miracles)이라고 부르곤 한다. 지금까지 살아오면서 힘들 때마다 이런 경험을 얼마나 많이 했는지 모른다. 전혀 뜻밖의 도움을 불시에 받게 되거나 생각지도 못했던 인연들이 우연처럼 연결되어 상황을 개선해주던, 그런 크고 작은 기적들을 대하면서 종종 경이로움에 빠지곤 했었다. 그런 기적과 같은 일들을 끊임없이 만나면서 나 자신이 얼마나 복 받은 존재인가를 새삼 생각하곤 했었다.

사람이 삶 가운데 어려움이나 역경을 겪으면서 마치 문이 닫혀 열리지 않을 것 같은 절망감을 많이 느꼈을 것이다. 그러나 사실은 그것이 얼마나 큰 축복의 기회인지 경험해본 사람들은 알 것이다. 그런 힘든 상황들조차도 얼마나 빠르게 개선되어버리는지, 그래서 얼마 지나지 않아서 그 암담했던 느낌들이 기억도 나지 않는 경우도 종종 있었을 것이다.

그래서 내게 그런 일들은 마치 어떤 코스의 수료 과정 같이 느껴지기도 했었다. 그런 일들은 전적으로 사람의 관점을 바꾸게 하는 훈련과 같았다. 잠시 생각의 관점만 바꿔본다면 지금껏 보이지 않던 새로운 세계가 열리는 그런 경이로운 경험으로 이어지기 마련이다. 마치 우리에게 그동안 감춰졌던 신세계를 찾아내는 과정과도 같다. 그런 일들은 우리에게 기적처럼 다가오는 것이다.

〈미라클 프롬 헤븐(Miracle from Heaven)〉이라는 영화가 있다. 실화를 바탕으로 한 이 영화는 사랑하는 남편, 그리고 예쁜 세 딸과 평화로운 나날을 보내는 엄마 크리스티의 이야기다. 행복한 이 가정은 둘째 딸 애나가 원인을 알 수 없는 희귀 난치병에 걸리게 되면서 절망의 늪에 빠지게 된다. 영화에는 긴 투병 생활로 인해 지친 가족의 어려움이 고스란히 투영되어 있다.

엄마 크리스티의 신앙마저 저버리게 되는, 그야말로 희망이라고는 전혀 찾아볼 수 없던 절망의 순간에, 이 가족에게 예상하지 못했던 놀라운 기적이 나타난다. 그리고 애나는 불가사의하게 온전히 회복된다는 이야기이다. 실화를 바탕으로 한 이 영화는 가족애와 절망 속에서도 놓치지 말아야 할 희망의 의미를 담고 있다. 엄마 역할을 맡은 제니퍼 가너는 실제로 세 아이의 엄마인 관계로 아픈 딸 앞에서 무너지지 않는 모성애를 표현하려 노력했다.

크리스티는 "우리가 겪은 일들이 고난을 겪고 있는 다른 사람들에게 힘을 주는 기회가 됐다는 것이 감사하다."라며 정말 나쁜 상황 가운데서도 우리 주위에는 작은 기적들이 끊임없이 일어나고 있다는 사실을 강조

하고 있다. 그녀에 의하면 기적이라는 것은 사람들이 보통 생각하고 꿈꾸는 것과 같이 아주 특별하고 대단한 것이 아니다.

 단지 온 가족이 함께 오순도순 저녁을 먹는 것과 같은 소소한 일상이야말로 진짜 기적이라는 것을 그녀는 보여주고 싶어 했다. 그리고 그런 기적은 우리가 그동안 세상에 매일의 삶 중에 얼마든지 만날 수 있는, 표도 나지 않는 여러 사람의 사랑과 도움으로 가능하다는 것을 알려주고 있다.

 지금 우리에게도 매 순간 기적이 일어나고 있다. 우리의 생각 여하에 따라 얼마든지 그런 축복을 누리며 살 수 있음을 기억해도 좋겠다. 스스로 복 받은 자임을 깨닫는 자에게 복은 계속적으로 그 모습을 보이고 또 계속 찾아올 것이다.

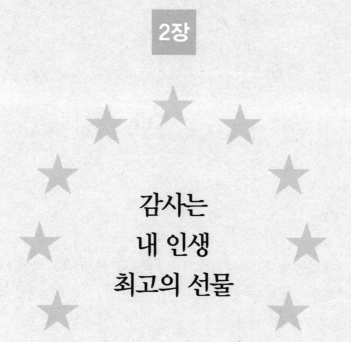

2장

감사는
내 인생
최고의 선물

Gratitude is the best gift of life

▶ 내게 있어 역경이나 낭패의 시간은 감사의 싹을 틔우는 때였다.
오로지 나의 문제에만 집중하면서
내 삶에 새로 주어진
감사라는 길을 확인하는 기회가 된 것이다.

01

삶의 가장 낮은 곳에서 감사를 배우다

인생의 가장 낮은 곳

내가 책들을 쓰기 시작하면서 지난 60여 년 동안의 내 삶을 면면히 돌아보는 계기가 되었다. 원래 책 쓰기란 것이 아무래도 작가 자신의 스토리를 먼저 풀어나가는 것이 출발점일 수밖에 없기 때문이다. 책을 쓰게되면서 놀라게 된 점 하나는 의외로 내가 나를 많이 모르고 있었다는 점이다.

앞선 책들에서 필자는 학창 시절, 시험에 많이 낙방했던 경험들에 관해 이야기했다. 지금껏 사람들 앞에서 나의 지난날들을 잘 나누지 않았던 것은 내 어린 시절의 그런 쓰라렸던 경험 때문이다. 그 기억은 지금껏 내 잠재의식에 남아 나의 열등감으로 작용했던 것 같다.

한국의 직장에서 근무할 때는 출신 학교들에 대한 노골적인 차별들이 있었지만, 한국을 떠나 여러 나라에서 사는 동안은 그런 것은 전혀 없었다. 이민 사회는 기득권을 주장하는 곳이 아니라 철저히 각자 살아남는 기술을 펼쳐야 하는 곳이기 때문이다. 어쩌면 각자가 가진 현실 적응력이나 문제 해결 능력이 더 중요한 관건이다.

그러나 나로서는 어떤 트라우마처럼 따라다니던 의식들, 예를 들면 이류 인생으로 살아서는 안 된다, 남에게 무시당하지 말아야 한다, 새로운 나라에 나와 살면서 나의 다음 세대에게는 좋은 선대의 모습을 보여줘야 한다는 등의 부담이 항시 중요한 과제였다.

그러다 보니 남들로부터 받을 시선에 대해 늘 예민했다. 그리고 사람들에게 비칠 나의 인상을 마치 나의 최종 평가처럼 여기고 살았음도 비로소 알게 되었다. 그래서 누구에게나 잘 대해주려 했고 사람들에게 욕 먹을까 신경도 많이 쓰면서 살았던 것 같다.

그러면서 이런 나의 태도에 대한 큰 오류 하나를 발견하게 되었다. 그 것은 지금껏 나 자신이 '무자격' 평가자로부터 좋은 평가를 기대한 것과 같았다는 사실이다. 아무도 나를 평가하거나 판단할 자격을 가진 게 아 니었다. 그런데도 나는 그런 사람들의 평가에 전전긍긍한 것이다. 그런 어리석음을 오랫동안 범해왔음을 알게 되었다. 왜 그렇게 많은 시간 동 안 마음이 편치 않았는지 그 이유를 깨닫게 되면서 나의 짐들은 훨씬 가 벼워지게 되었다.

학창 시절의 입시 제도도 그중의 하나였다. 비록 입시에 패스를 못 한 다 해도 그게 나에 대한 모든 평가는 아니었다. 통계적으로 시험에 합격 한 사람들이 성공할 확률은 다소 높을지 모르지만 긴 인생의 여정을 놓 고 볼 때, 그건 절대적으로 맞는 제도는 아니었다. 그런 평가에 사람들이 목을 매달 이유가 전혀 없었다.

직장 생활을 하는 중에도 소위 이름 있는 학교 출신들의 파워에 늘 혼자 상대해야 하는 부담감이 있었지만, 그들 인성의 본모습을 관찰하는 기회도 되었다. 그 때문에 겪어야 했던 내 삶의 낮은 지점들이 어느덧 50~60이라는 나이를 넘어가면서 아무 문제가 아님도 알게 되었다.

혹시 남들이 자신에게 하는 비방들로 신경이 쓰인다면 그 비방자들에 대해서 한번 살펴보기를 바란다. 아마도 십중팔구 그런 사람들은 인성이 제대로 되어 있지 않은 사람들임이 분명할 것이다. 만약 그렇다면 자격이 갖춰지지 않은 그런 평가자들로 인해 여러분의 삶이 힘들어질 필요는 전혀 없을 것이다.

물론 자신이 몸담은 조직의 구조가 대부분 그런 사람들로 구성된 곳이라면 그런 비방을 무시할 수만은 없는 경우가 될 것이다. 만약 그렇다면 지금이야말로 바로 자신 인생의 다음 문을 찾아야 할 시기가 도래한 것으로 생각하면 될 것이다.

아이로니컬하게도 이런 불공평한 상황들은 우리 자신에 대해 깊이 생각해보고 무언가 깨달을 기회가 된다. 바로 우리 자신을 빛나게 할 사람은 다른 사람이 아닌, 바로 나 자신임을 알게 되는 것이다. 아무도 우리를 비방하거나 깎아내릴 수 없다는 사실을 깨닫게 되면 거기서부터 참된 자신의 모습을 볼 수 있게 되는 것이다.

감사를 배우기 좋은 때

마음이 바쁘고 번잡할 때는 귀가 있어도 아무런 소용이 없다. 들어야 할 소리를 어디서도 들을 수가 없다. 번다한 소음으로 마음이 가득 차 있기 때문에, 사람들은 일이 잘되는 듯 보일 때는 모두 자기가 잘하고 있어서 그렇다고 생각하는 실수를 범한다. 오만으로 인해 도무지 주위의 말을 들으려 하지 않게 되는 것이다.

만약 그런 생각이 든다면 반드시 자신을 경계 모드에 놓아야 한다. 이런 경우 내가 아집 상태에 있는지 아닌지를 확인하는 방법은 간단하다. 바로 자신의 감정 상태를 살펴보면 된다. 너무 내 중심적으로 일을 진행하고 있지는 않은지, 그래서 혹시 뭔가 내 안에 불편한 마음이나 느낌은 없는지…. 감정이나 느낌처럼 솔직한 식별 도구는 없을 것이다.

또 함께 일하는 파트너들의 심기를 살펴본다. 혹 무언가 말 못 하고 불편해하는 게 없는지 등의 몇 가지만 살펴봐도 쉽게 알 수 있다. 사람들이 억눌려 있을 때는 그들의 표정과 감정의 상태는 아주 낮은 볼륨으로 틀어놓은 라디오와 같다. 도무지 알아듣기가 쉽지 않다.

그러나 그들에게 조금만 집중해보면 마음과 생각을 보다 더 이해할 수 있게 된다. 이렇게 함으로써 큰 사고를 미연에 방지할 수 있다. 사람들은 일찍부터 충분한 크기의 소리로 신호를 보내고 있지만, 듣는 이의 에고로 인해 벽이 높아 잘 알아듣기가 쉽지 않다.

사람의 무의식은 그런 상태를 벌써 인지하고 신호를 계속 보내고 있는데 그때 무시된 신호가 뭔가 석연치 않은 감정이나 느낌으로 남아 있는 것이다.

언젠가 계획이 갑자기 틀어지는 바람에 그 해결에 온 정신을 집중하고 있던 때가 있었다. 해결을 위해 많이 기도한 거 같았지만 아무런 응답이 없었다. 그래서 언젠가는 하나님께 뻔뻔하게 물었다.

"하나님, 왜 그때 아무 대답도 안 해주셨어요?"

필자는 신호를 미처 인지하지 못해 큰 손해를 당하고 말았다. 당시에는 얼마나 낭패스러웠는지 모른다. 그 낭패로 인해 나는 가장 낮은 자리로 보내지게 되었다. 그리고 그 일로 인하여 내 자신이 감사를 배우는 기회가 되었다.

그런 시간들 덕분에, 많은 원망이 있기도 했지만 그제야 나를 다시 조명해보고 거기에 감춰진 비밀도 확인하게 되었다. 아주 귀한 경험이었다. 만약 나에게 그런 낭패가 없었더라면 어떻게 그런 좋은 인생의 경험을 했을까 싶다. 그 일을 극복하는 과정에서 나의 언어와 생각을 바꾸고 감사의 의미도 배울 수 있었다.

내게 있어 역경이나 낭패의 시간은 감사의 싹을 틔우는 때였다. 오로지 나의 문제에만 집중하면서 내 삶에 새로 주어진 감사라는 길을 확인하는 기회가 된 것이다. 사람에게 닥치는 고난은 그게 전부가 아니다. 그로 인해 새로이 주어진 길을 찾는 좋은 방편인 것이다.

내가 가진 축복을 세면서 깨달은 일들

감사가 힘들 때

사람이기 때문에 감사하다는 생각을 항상 갖고 살 수는 없을 것이다. 우리에게 너무나 당연하게 주어진 것들에 대하여 감사의 느낌을 갖는다는 게 말처럼 그다지 쉽지가 않다. 지극히 당연하여서 전혀 감사할 만한 것이라고 느껴지지 않기 때문이다. 그래서 감사를 하고 싶어도 정말 어려울 때가 많다. 그게 사람의 자연스러운 모습이다.

보통 우리의 일상생활은 그냥 지루하다. 평범한 루틴의 반복일 뿐이다. 뭔가 짜릿한 감정을 일으킬 만한 게 별로 없다. 그저 나쁜 사고만 나지 않으면 그걸로 족하다. 그래서 매일을 아무런 감흥 없이 그냥그냥 보내고 있는 게 우리의 현실이다.

매일 아침에 눈을 뜨고 기상하는 일도 그렇다. 지금껏 별다른 감흥 없이 항상 지내온 일상의 연속일 뿐이다. 또 우리의 건강은 어떠한가? 갑자기 어디가 불편하거나 통증으로 인해 건강에 이상이 생길 때까지는 건강은 당연히 문제가 없어야 하는 것으로만 생각하고 산다.

그것뿐일까? 이른 아침 산책을 하면서 보게 되는 장엄한 태양이나 화단에 핀 장미의 향긋한 향기조차도 별로 감사 거리는 아닌 것 같았다. 우리 자신이 가진 재능들에도 별로 흥미를 느끼지 못한다. 그뿐만 아니라 스스로 생각해도 별로 내세울 게 없어 감사를 할 만해 보이지를 않는다. 오히려 자신의 약점만 도드라져 보인다. 그러다 보니 나란 존재는 아무것도 아닌 것처럼 보인다.

그래서 보통 자신은 감사의 대상으로 인식하지 않는다. 그리고 우리가 실패했을 때 다시 일어서거나 나날이 성장하는 것에 대해서도 별로 흥미를 느끼지 못한다. 그저 열등감으로 똘똘 뭉쳐 세상에 주눅 든 자아의 모습만 보게 된다. 세상에서 자신만큼 사랑한다는 말을 못 듣는 존재도 없을 것 같다.

항상 더 크고 많은 것을 추구하며 사는 현대의 생활에서는 욕구가 강하면 강할수록 이미 소유하고 있는 것에 대해서는 더 이상 감사의 대상이 아니다. 구할 때는 모든 힘을 다했으면서도 정작 자신의 손안에 들어오게 되자 추구의 목표가 순간에 바뀌어버리는 것이다.

사람의 관계에서도 마찬가지다. 우스갯소리로 말하기도 하지만 열 가지의 도움을 받았으면서도 어떤 한 가지가 서운하면 그간의 좋았던 관계마저 다 날려버리는 게 다반사다. 그간 받았던 도움에 대한 감사는 어느새 다 사라지고 아예 생각조차 하지 않는 것이 사람의 인간관계다.

필자에게 감사가 가장 어려웠던 때는 배신당한 느낌을 받았을 때였다. 잠을 이루기가 어려웠던 날이 많았다. 큰 어려움을 당하고 나서 그 상처를 치유할 방법이 없던 중에 마지막으로 시도한 방법이 감사하기였다.

그러나 막상 감사의 내용을 써보려 했지만 그게 너무 힘들었던 기억이 있다.

물론 감사의 제목들이야 있기는 했지만, 그에 대한 감사의 느낌이나 감정이 가슴에서 도무지 살아나지 않았다. 마치 아무런 감정이 없는 목석이 된 것 같았다. 그런 답답함을 겪어본 사람이 있는지 모르겠지만 나에겐 모든 소망이 다 사라진 것 같았던 쓰라린 경험이었다.

내가 가진 축복들 세어보기

지그 치글러는 "감사는 사람이 가진 감정 중에서 가장 건강한 것이다. 당신이 가진 것들에 대한 감사를 많이 표현할수록 감사할 것이 더 많이 생길 것이다."라고 말했다.

감사는 자신이 받은 바를 아는 데서 시작된다. 받은 것을 안다는 것은 주어진 은혜를 안다는 것이기도 하다. 이 받은 바를 깨달아 아는 것이 중요하다. 아무리 많이 받더라도 깨달은 만큼만 감사할 수 있기 때문이다. 감사는 바로 소유에 있지 않고 깨달음에 있다. 싸워 쟁취한 것에는 감사가 있을 수 없다. 그것을 얻기 위해 자신이 정당한 대가를 지불했다고 생각하기 때문이다.

열 가지 도움을 받고도 한 가지의 서운함 때문에 관계를 깨는 사람은 바로 받음의 은혜에 대한 깨달음이 없기 때문이다. 이런 때에 나에게 좋은 방법 하나는 바로 '받은 축복 세어보기'였다. 노트에 그간 내가 갖게 되었던 것들, 이루고 성취했던 것들, 또 짜릿한 흥분을 주었을 만한 것들을 무작위로 적어보는 일이다.

그 과정 중에 내가 얼마나 많은 것들을 갖게 되었고 이루었는지도 조금씩 알 수 있었다. 그리고 나 스스로가 얼마나 자랑스러운지도 깨달을 수 있었다. 스스로 이류 인생이라고 생각한 것이 참으로 큰 실수였음도 알게 되었다. 그건 겸손도 아니었다.

한편으로 지난 추억 중에 겪었던 경험들도 떠올랐다. 그중에서 한두 가지 소개해본다.

필자의 대학 1년 시절에는 자유 교양 독서 대회라는 게 있었다. 당시의 문교부와 동아일보 주최로 전국의 대학생들이 매년 지정된 책들을 읽고 그에 대한 독서 실력을 겨루는 시합이었다. 필자도 재학하던 학교의 대표로 선발되어 시합에 나가게 되었다.

시험 준비 기간 동안 필자는 교회의 주일학교 교사로 잡다한 일을 하느라 팀들과 공부 보조를 맞추기 어려웠다. 어쨌든 정해진 독서와 공부를 억지로 마치고 경시 대회에 참석하게 되었다. 대회는 정해진 필독서들의 내용에 대한 시험으로 진행되었다. 그다지 어려운 시험은 아니었지만 별 기대를 안 한 관계로 나는 시험을 마치고 그냥 집이 있는 대전으로 내려와 버렸다.

대회 다음 날 새벽에, 학교로부터 급한 연락이 전해져왔다. 내가 일등으로 선발되어 아침 일찍 서울의 시상식에 참가해야 한다는 통보였다. (당시에 동아일보는 정부에 대항해 각을 세워가며 반정부 기사를 써대던 때여서 동아일보 본사는 바리케이드를 치고 근무하던 때였다.)

그렇게 어수선하던 때에 시상식과 함께 바리케이드가 쳐진 동아일보의 편집실에서 인터뷰를 마쳤다. 사진과 함께 기사도 나갔지만 지금 하나도 남아 있는 게 없다. 그때 받은 상금이 학교 등록금만큼 되었던 거같다. 얼마나 요긴하게 썼는지 모른다. 내로라하는 학교들이 다 참가했지만, 우리 학교의 명예를 높이는 일을 내가 할 수 있어 뿌듯했던 경험이었다.

그런가 하면 또 하나 잊고 있던 기억 하나는 학교를 마치고 다니던 첫 번째 직장, 아모레 퍼시픽(당시의 태평양화학)에서 엔지니어로 있을 때였다. 당시 우리 부서는 투명 비누를 제조하였는데 이 제품은 그야말로 노동 집약적이었다. 일본의 기술을 제공받았지만 공정은 거의 수동으로 해야 하는 작업이었다.

필자는 수많은 인원이 수동으로 해야 하던 공정을 관찰하던 중에 자동화하는 장치 하나를 개발하여 획기적으로 작업 인원과 시간을 줄이는 공정을 만들어내었다. 결국 그 일은 내 이름으로 발명 특허를 취득하여 회사에서 사용하게 되었다. 그 후에 제품의 생산이 중단되기는 했지만, 나로서는 크나큰 성취감을 얻었던 사건이었다.

이렇게 하나씩 내가 이루고 받았던 축복을 세어보면서 나의 닫힌 가슴이 조금씩 열렸다. 비록 실패로 인해 속은 상했지만, 지난날들의 내 모습을 돌아보면서 얼마든지 그로부터 이겨낼 수 있음도 알게 되었다.

지난 일을 돌아보니 나라는 사람은 쉽게 꺾이는 사람이 아니었다. 내가 떠나야 했던 조직에는 내가 반드시 떠났어야 할 이유가 그곳에 있었다. 그때가 되어 떠나게 된 것뿐이었다. 누구 탓도 아님을 알게 되었다. 그런 일들은 매번 나에게 새로운 진보의 기회가 되었던 것이다.

내가 받은 축복들을 적어보면서 겨우 진심으로 감사하는 마음이 생기게 되었다. 마치 큰 비밀이 자신의 모습을 내게 보여주는 것 같았다. 받은 축복을 세어보는 일이야말로 진정한 감사하기로 들어가는 중요한 첫 단계이다.

03

나 자신이 바로 감사의 시발점이다

나는 어떤 사람인가?

직장이나 주변의 사람들을 보면서 종종 생각이 드는 것이 있다. 사람마다 성격이 다른 점은 당연한데도 심히 걱정되는 경우가 종종 있다.

어떤 사람은 말이 매우 거칠다. 뒤에서 아주 대놓고 욕을 해대는 일도 있다. 나중에 말이 들려 도대체 왜 그랬냐고 물으면 그는 아무런 느낌이나 생각도 없다. 그냥 습관적으로 나오는 말이었을 뿐이다. 그런 사람들은 예의가 없고 언어의 난폭함이 삶에 가득하다.

또 어떤 사람은 스스로 가장 똑똑하다. 그리고 자신이야말로 일을 가장 잘하는 사람이라고 믿는다. 자신 외의 다른 사람들이 일하는 방식에 대체로 불만스럽다. 그래서 그와 일해야 하는 사람들 모두는 항상 불편하다. 아무도 그에게 좋은 대우를 해주지 않는다. 자기도 그걸 알지만 스스로 어쩌지 못한다. 그냥 자신의 성격 탓이라고 치부하고 만다.

사실 그런 사람의 일 처리는 자신이나 잘한다고 생각하는 것이지 진짜 중요한 팀워크가 깨져 더 큰 문제가 항시 대기하고 있다. 아마 본인도 힘들 것이라고 생각은 되지만 잘 개선이 되지 않는다.

그리고 어떤 사람들은 아무리 교육이나 조언을 받아도 개선될 기미가 전혀 없다. 그런 과정을 아무리 잘 마쳐도 순식간에 자신이 지금까지 해오던 방식으로 돌아가버린다. 무의식적으로 자신에게 프로그램된 방식이 너무 강해 의식적 변화를 도모하는 게 쉽지 않다. 삶이나 업무의 우선순위가 항상 감정 흐르는 대로다. 코칭이 매우 어려운 그룹이다.

이외에도 우리가 만나는 사람들의 모습은 아주 다양하다. 위의 예들은 몇 가지 전형적인 예일 뿐이다. 팀을 관리하면서 그들의 삶을 관찰하다 보면 사람마다 크게 다른 것 같지는 않다.

그렇지만 여기에서 생각할 점이 한 가지 있다. 바로 그것은 위와 같은 성격들이 정도의 차이만 있을 뿐 관찰자인 내게도 똑같이 있다는 사실이다. 만약 타인들에게서 어떤 성격들을 발견하게 된다면 관찰자인 나 자신도 그런 점이 내 안에 잠재되어 있다는 사실을 인정하고 마는 것이다.

관찰자 자신에게 그런 모습들이 없다면 그와 더불어 상대에게서도 그런 점을 찾아내지 못했을 것이다. 인지되지 않아 관찰자의 눈에 띌 수가 없는 것이다. 사람은 스스로 인식하고 있는 것들만 볼 수 있기 때문이다. 이런 원리는 우리가 어떤 물건이나 사건에 관심이 생긴다면 신기하게도 갑자기 그런 것들이 우리에게 더 많이 눈에 띄게 되는 원리와 흡사하다.

요약하면 우리가 대하는 사람의 모습을 통해 우리 자신에 대해 좀 더 알 수가 있기 때문이다.

다시 앞의 이야기로 돌아가, 우리가 보게 되는 다른 사람들의 모습은 바로 세상을 통해보게 되는 나의 모습이다. 이것으로 우리가 어떤 자존감을 가지고 사는지도 알 수가 있다.

여기서 이야기를 약간 바꿔보면, 스스로 직시해서 자신이 어떤 사람인지 충분히 알 수 있는데도 굳이 세상의 인정을 통해 자신을 확인하려 한다. 남들이 해주는 인정으로 자신의 존재를 확인하고 싶어 하는 것이다.

조금만 자신에게 인내를 갖고 관대히 대할 수 있다면 우리의 자존감이 무너질 일은 절대 없을 것이다. 세상이 뭐라 해도 자신이 중요한 존재임을 깨달을 수 있기 때문이다. 자존감이 강한 사람은 세상에 대해 두려움을 갖지 않는다. 또 그들의 눈치도 보지 않는다. 그렇다고 세상에 대해서 무례하지도 않다. 자신에게 따뜻한 사람은 누구에게나 다정한 눈으로 볼 수 있는 마음가짐이 갖춰져 있기 때문이다.

그러므로 세상이나 다른 사람들에게 불만을 보이거나 손톱을 세우는 사람은 결국 자신을 향하여 그렇게 하는 것이나 다름이 없다. 만약 세상에 대해 조금이라도 감사한 마음을 갖고 있다면 당연히 그렇게 무례한 모습을 상대방에게 보이지 않을 것이다.

따라서 자존감이 낮은 사람들은 자신에 대하여 감사를 전혀 느끼지 못한다. 자신만 생각하는 이기적인 사람은 스스로에 대한 확신 때문에 그런 행동을 하는 게 아니다. 이기적인 상태는 다름 아닌 극도의 결핍 상태이다. 채워도 채워지지 않는 그런 심한 공복 상태와도 같다.

나는 감사를 아는 사람

무의식적으로 사람을 통제하고 있는 것은 각자가 가진 태도와 습관이다. 따라서 스스로 온전히 변화된 모습이 되고자 한다면 우리는 어떤 경우에도 변화할 수 없다는 생각에서 벗어나는 게 필요하다. 나를 둘러싼 못마땅한 세상을 바꾸는 일은 나 하나만 바꾸면 얼마든지 충분하다. 세상을 향해 아무리 외쳐봐도 내 안에서 변화가 생기기 전에는 아무 일도 일어나지 않을 것이다.

누구나 어느 순간 자신의 모습이 못나 보였던 적이 있을 것이다. 그리고 이를 바꾸어보려는 시도도 여러 번 해봤을 것이다. 하지만 사람이 바뀌는 것은 정말 쉬운 일이 아니라는 것만 뼈저리게 느끼게 되고 자존감만 떨어지곤 했을 것이다. 이런 경우에 우리의 낮은 자존감을 되찾는 방법은 바로 감사를 회복하는 길이다.

세계적인 멘토로 활약하고 있는 오프라 윈프리나 발명가 토머스 에디슨과 같이 위대한 사람들의 공통점은 자신들의 삶이 매우 고통스럽고 절망적이었음에도 감사하는 태도를 보였다는 점이다. 오프라 윈프리가 역경을 이겨낸 이야기는 꽤 많이 알려졌지만, 에디슨의 경우는 그다지 많이 알려져 있지 않다.

에디슨은 청각 장애자였다. 아주 어렸던 시절에 그는 기차 안에서 신문을 팔면서 틈틈이 한쪽 구석에서 실험을 했었다. 그러던 중 흔들리는 기차의 진동으로 인해 실험 약품이 바닥에 떨어져 화재가 나고 말았다. 이에 화가 난 승무원이 에디슨을 기차에서 밀어 떨어뜨려 그 충격으로 그의 고막이 파열되고 말았다.

훗날 에디슨에게 귀 때문에 연구에 불편함이 없었느냐고 묻는 사람에게 그는 "나는 귀가 잘 들리지 않는 사실에 대해 낙심하거나 실망하지 않습니다. 오히려 아무것도 들리지 않아 연구에 몰두할 수 있었기 때문에 감사했습니다."라고 대답했다.

우리가 여기서 배울 수 있는 점은 절대 감사의 태도다. 우리가 그들처럼 감사할 수가 있다면 삶은 완전히 달라질 것이다. 감사의 태도는 누구라도 충분히 삶을 바꿀 수 있다. 뿐만 아니라 감사는 생각보다 아주 가까이에 우리와 함께하고 있다.

우리 자신은 우리 삶의 달인이다. 얼마든지 자신에게 긍정적인 감사의 통로를 만들고 그 안에서 만들어지는 새롭고 행복한 세상을 열어나갈 수가 있다.

"나는 나의 약점으로 인해 하나님께 오히려 감사합니다. 이를 통해 나를 알고, 나의 주어진 일로써 또 내 하나님을 발견했기 때문입니다."
　－ 헬렌 켈러

04

가지지 않은 것에 대한 감사를 배우다

감사의 요건

마시 시모프와 캐럴 클라인 공저인 『이유 없이 행복하라』의 첫 장엔 다음과 같은 질문이 하나 나온다. '이유 없이 행복할 수 있을까?'

언젠가 이 책의 저자 마시 시모프는 세미나를 진행하면서 참석자들에게 자신들이 원하는 소원 100가지씩을 적어보라고 주문했다. 역시 모든 독자분이 예상할 만한 온갖 대답들이 나왔다. 좋은 집, 좋은 차, 여행, 승진 등등. 그중에서 몇몇은 '행복해지고 싶다'라는 소망을 적었다. 하지만 전혀 관심을 끌지 못했다.

저자는 사람들이 결국 기대하는 것은 바로 그러한 다양한 소원 성취로 자신들이 더욱 행복해지는 것이라고 정리했다. 그리고 각각의 소원들을 이루는 것은 그 자체가 행복이 아니고 궁극적인 행복을 향해 우회해 돌아가는 방법이라고 지적했다.

마시 시모프 자신은 자신이 쓴 저서로 인해 유명해지고 몸값도 올라갔지만, 결코 더 행복하지 않았다고 술회한다. 그러면서 행복은 단지 어떤 조건의 충족으로 이루어지는 것이 아님을 알게 되었다. 그런 이유로 인해 '이유 없는 행복'에 대하여 생각하게 되었다고 한다.

그에 의하면 그런 이유 없는 행복은 신비하거나 특별한 감정 상태가 아니라 사람들 마음 밑바탕에 깔린 '평온과 안정감' 있는 상태라고 말한다. 결국 사람들은 행복을 좇아 사는 것이 아니라 행복함으로 사는 게 맞다고 이야기하고 있다.

이제 다시 감사 이야기로 돌아가보자. 우리가 감사해야겠다고 결심하고 나면 가장 먼저 하는 것은 우리 주변의 감사 거리를 떠올리는 것이다. 이것은 너무도 자연스러운 행동이다. 우리에게 허락된 것들을 먼저 인지하는 게 필요하기 때문이다. 그 과정에서 의외로 얼마나 많은 축복을 누리고 사는지 깨달을 수가 있게 된다.

우리가 이미 소유하여 누리고 있는 축복을 깨닫거나 또 그런 축복들이 당연히 주어진 것이 아니라는 사실을 받아들이는 것은 생각만큼 쉽지 않다. 만약 그런 게 아니라면 불행한 사람은 세상에 아무도 없을 것이기 때문이다. 모든 것을 당연한 것으로 생각하여 감사하지 못하는 것은 바로 자신을 속이는 일이기도 하다.

하지만 요즘처럼 물질 만능 사회에선 자신의 손안에 이미 소유하게 된 것은 이미 감사의 대상이 아니다. 사람들이 힘들게 노력하여 원하던 걸 소유하게 되면 그동안 노력했던 수고는 순간에 깨끗이 잊는다. 그리고는 다음의 더 큰 목표를 향해 다시 매진하게 된다.

필자가 사는 미국의 교포들에게는 신분 문제가 매우 중요하다. 그들에게는 미국에 살면서 신분상 불이익을 받지 않고 당당히 살 수 있는 영주권의 취득이 얼마나 중요한지 모른다. 하지만 재미있는 사실은 몇 년씩이나 고생하여 마침내 영주권을 취득하게 되어도, 그 기쁨은 그렇게 오래가지는 않는다.

그런 기쁨은 도대체 얼마 동안이나 지속될 수 있을까? 아마도 길어야 며칠뿐이지 않을까? 그 며칠이 지나고 나면 기쁨은 모두 잊고 다시 자신들이 아직 갖지 못한 결핍을 생각해낸다. 그리고 그 결핍감으로 다시 우울해진다. 전에는 영주권만 받으면 온 세상의 근심이 없을 것만 같았는데, 그런 기대감으로 몇 년씩이나 인내하면서 살아왔는데, 겨우 며칠 만에 다시 불행의 늪에 빠져든다.

감사를 잃는 이유는 자기가 받았던 축복을 망각하고 지금 누리고 있는 은혜도 미처 모르기 때문이다. 그래서 받은 은혜를 모두 잊고 마음이 다시 지옥으로 돌아가는 것이다. 그래서 감사를 모르는 사람은 행복하기가 쉽지 않다.

감사는 의지로 선택하는 행동이다. 그리고 감사는 받은 은혜를 기억하는 기술이다. 이 기술은 마음만 먹으면 가질 수 있는 가장 간단한 일이기도 하다.

조건 없는 감사

감사를 모르는 사람은 성공을 논할 자격이 없다. 그래서 성공하는 사람은 감사의 이유에 상관없이 매일 감사의 씨앗을 심는다. 아무것도 심지 않은 사람이 좋은 걸 기대하는 것과 같은 코미디가 없다. 감사를 심는 사람만이 더 큰 열매를 거둘 수 있는 비밀이 바로 여기에 있다.

필자가 과거에 겪었던 실패는 당연하였다. 그때는 수고하여 얻게 된 것에 대한 감사보다 오만한 성취감으로 가득 차 있었다. 그때의 경험으로 얻게 된 결론 중 하나는 다른 사람을 원망하게 되는 일들은 감사의 부족 때문이라는 사실이다. 잠시라도 초심으로 돌아가 자신이 받았던 것을 기억했더라면 원망이 그렇게 쉽게 생기지는 않았을 것이다.

그래서 모든 것을 잃었을 때에 감사를 할 수 있다면 그때는 바로 성장할 수 있는 가장 좋은 때다. 도무지 감사할 것이 하나도 남지 않은 것 같은 데도 감사를 기억해내는 일은 사람으로 하여금 다시 재기하여 일어설 수 있게 만드는 발판이 된다. 감사라는 씨앗을 새로이 파종하기 때문이다.

사람이 어떤 어려운 상황을 만나는 일은 분명히 가벼운 것이 아니다. 그 일을 통하여 그간의 모든 환경을 비로소 다시 확인하게 만들고, 또 개선해야 하는 항목들을 찾아낼 수가 있다. 그런 과정은 매우 중요하다. 이런 절차를 통해 다음 단계로 넘어가기 위한 여건들이 준비되는 것이다.

따라서 성숙한 사람이라면 자신들이 만나는 문제들을 실패로만 취급하지 않는다. 세상의 조롱에도 꿋꿋이 감내하며 그 안에 감춰진 뜻을 헤아리는 데 집중할 수 있는 사람들이기 때문이다. 그들은 이런 상황을 통해서 평소라면 볼 수 없었던 축복의 기회를 확인하는 눈을 갖게 되는 것이다.

그래서 그들은 오히려 그로 인해 더 큰 발전의 기회를 얻게 되는 행운으로 알고 기꺼이 감사한다. 이런 감사를 할 수 있는 능력은 바로 그 사람의 인격이다.

감사의 인격을 지닌 사람에게는 세상이 주는 이유 따위는 크게 상관이 없다. 이미 자신의 존재에 대하여 충분히 인식하고 있고 그런 존재감에 대하여 감사로 충만하게 되어 있기 때문이다. 또한 굳이 세상이 주는 위로나 칭찬이 아니더라도 스스로 자신에게 다독거리며 얼마든지 감사를 표할 수 있기 때문이다.

탈무드는 "세상에서 가장 지혜로운 사람은 배우는 사람이고, 세상에서 가장 행복한 사람은 감사하며 사는 사람이다."라고 말하고 있다. 필자는 여기에 나타난 감사는 자신이 소유하고 누릴 수 있는 것들뿐만 아니라 하나님 앞에서 존재하는 '자신에 대한 감사'라고 믿고 싶다.

자신의 존재만으로도 충분히 감사할 수 있는 사람은 가지지 않은 것에 대해서도 얼마든지 감사할 수 있다. 소유가 감사의 조건이 아니기 때문이다.

05

감사 없는 곳에 성공도 없다

기업의 감사 운동들

〈한경 비즈니스〉의 '존중과 감사가 만드는 성공 기업의 비밀'이라는 제목의 기사에 재미있는 사례들이 소개되어 있다. 그중 하나에 미국 와튼 스쿨의 이야기가 있다.

와튼스쿨이 콜센터 직원들에게 했던 실험으로, 대학 기금 마련을 위해 잠재적 기부자에게 전화하게 하는 것이었다. 일반적으로 콜센터는 급여가 낮고 스트레스가 많아 이직률이 높은 곳이다. 이 대학의 콜센터 직원들도 당연히 이직률이 높고 사기가 아주 낮았다. 이런 상황에 대해 학교가 시행한 실험은 콜센터 직원들로 하여금 자신들이 힘들게 수고하여 조성한 장학기금으로 공부를 한 학생들과 직접 대면하여 만나보게 한 것이다. 사실 그때까지 콜센터 직원들은 모금만 힘들게 했었지, 그것으로 실제 혜택을 받은 학생들을 본 적이 없었다. 그래서 자신들이 학교나 학생들을 위하여 어떤 이바지를 하는지 알 기회가 전혀 없었다.

직원들과 학생들의 면담 시간은 그리 길지도 않았다. 그저 학생들이 하는 공부나 연구 성과에 관한 얘기를 나누는 길어야 5분 정도가 전부였다. 그런데도 학생과 만났던 직원들에게서 놀라운 일이 벌어졌다. 그다음 달의 모금액이 270% 이상이나 급증한 것이다.

면담 시간이 짧기는 했어도 학생들과의 만남은 직원들에게 큰 동기 부여가 되어준 것이다. 이렇듯 서로를 보다 더 이해하고 감사함을 표현하는 일이 학교의 기금을 형성하는 일의 생산성을 크게 높이게 되었고 대외적으로도 좋은 이미지를 보일 수 있는 브랜딩에 큰 영향을 끼칠 수 있게 되었다.

또 로레알코리아는 회사 직원들을 상대로 '메르시 데이(Merci Day)'를 실시했다. 매달 넷째 수요일 하루 동안 사내에서 부서 간이나 직원 서로에게 감사를 표시하는 날이다.

이날이 되면 카페테리아 벽면에 포스트잇을 가득 붙여가며 직원들이 서로 감사하는 마음을 전달하는 행사를 시행한다. 팀에서 가장 고생하는 신입사원들을 위해 자리를 준비해주기도 하고 또 음료수나 다과로 섬겨 주면서 격려를 해준다. 이는 그들에게 조직원으로서의 존재감과 자부심을 느끼도록 도와주는 것이다.

이 캠페인은 3대 글로벌 PR 어워드 중 하나인 'PR 위크'의 2013년 '올해 최고의 사내 커뮤니케이션'에 선정되기도 했다.

조직에서 조성하는 감사의 기회는 회사 전체에 선한 영향력과 성공에 대한 동기 부여에 많은 영향을 미친다. 조직 내 여러 사람이 함께 감사를 나누게 되면 혹시 개인이 갖게 될 낙담이나 실망할 경우가 생겨도 충분히 견디어낼 수 있도록 도와줄 수가 있다. 그렇게 되면 일이 힘들거나 실적이 부진하다고 해서 굳이 의기소침할 필요를 느끼지 않도록 서로 챙겨

줄 수가 있다. 오히려 힘을 합해 공동의 성공을 향해 나갈 수 있게 된다. 현실의 막다른 골목에서 감사를 만나게 되면 새로운 기회의 문이 열릴 수도 있는 좋은 예이다.

감사와 성공

UC 데이비스의 심리학 교수 로버트 에몬스는 "감사하는 사람은 훨씬 살아 있고, 경각심을 가지며 매사에 적극적이고 열정적이며, 더 많이 다른 사람들과 연결되어 있다고 느낀다."라고 말했다.

우리에게 흥분과 전율을 주는 일을 할 수 있는 삶에 대하여 감사하는 것은 정말 의미 있는 일이다. 하는 일의 규모가 크든 작든 전혀 상관이 없다. 일함으로써 살아 있음을 느끼고 또 그런 짜릿함이 우리에게는 생동감 있는 감사의 기회로 비쳐지는 것이다.

우리는 모두 성장을 원한다. 매일 아침 눈뜰 때부터 성장을 향해 매진한다. 그렇지만 성장은 축복이기도 하고 때로는 저주가 되기도 한다. 자신이 감당할 수 있는 범위를 넘어서는 성장이나 성공은 결국 실패로 이어질 수밖에 없다. 아직 그것을 지켜낼 능력이 없기 때문이다.

따라서 우리가 준비되었을 때 성공에 도달하는 게 좋다. 이 원리는 어떤 분야에서든 모두 동일하게 적용된다. 준비되었을 때란 모든 환경이 치우치지 않게 적절히 조화되어 있는 때를 말한다. 그러면 성공은 어떤 외부로부터의 특별한 노력이 없어도 때가 되면 자연스럽게 성취된다. 이렇게 찾아오는 성공의 기회는 말할 수 없이 큰 성취가 따르게 될 것이다.

사람의 성공 여부는 찾아온 기회를 우리가 어떻게 평가하고 취급하는지에 달려 있다. 아무리 좋아 보여도 모든 기회를 다 받아들일 수는 없다. 결국 자신의 역량이나 조건들을 겸허히 살펴보고 받아들일지를 결정하는 자세가 필요하다. 따라서 기회가 찾아왔을 때는 이를 잘 살피는 것이 무엇보다 중요하다. 혹시 기회를 잃지 않을까 하는 염려로 인하여 선부르게 일의 판단이나 결정을 내리는 것은 위험천만한 태도다.

우리는 가장 힘들 때조차 우리 자신의 빛나는 모습을 잃지 않을 수가 있다. 어려움 중에 성장한 경험은 다시 열정이 되어 다음의 기회에 더 큰 성공을 기약할 수 있기 때문이다. 이렇게 사람을 긍정적으로 성장시켜가는 원동력은 다름 아닌 감사에 있다.

사람이 부딪히는 어려운 상황이나 일들에도 어떻게든 감사를 할 수 있는 준비만 되어 있다면 긍정 에너지로 변화하게 된다. 그래서 미팅의 발표 때와 같은 긴장의 시간에도 그런 기회가 주어진 것을 감사하면서 한결 여유와 긍정이 넘치는 시간을 가질 수 있게 되는 것이다.

그런 상태가 되면 발표자는 훨씬 안정된 발표를 할 수 있게 된다. 그뿐 아니라 아무리 긴장되어도 그런 기회를 얻게 된 것을 큰 성취감으로 인식하게 하고 감사의 대상으로 받아들이게 만든다. 당장 실패라고 여길 수밖에 없는 경우에도 미처 지금까지 갖지 못했던 기회를 얻게 된 것만으로도 감사하도록 생각을 바꿔주기도 한다.

감사는 바로 그런 긍정적인 일을 하게 만드는 정신적 산물이다. 사람의 마음을 열어주고 또 부족하더라도 기꺼이 배움으로써 새로운 것에 도전하게 만든다. 사람들 안에 있는 부정적 믿음이나 감정을 다스려, 처한 상황이 별로 좋지 않을 때조차 자신에게 주어진 선물로 여기고 오히려 즐기도록 만드는 힘이 있다.

감사로 인한 열정은 바로 그런 힘을 갖고 있다. 이 열정은 일의 중간에서 멈출 수 없게 만든다. 또 전염성이 강하여 종종 주위의 사람들에게까지 긍정적인 영향을 미친다. 그럼으로써 어떤 주어진 공동의 목표를 향해, 즐거운 마음으로 전체의 일에 참여하게 할 뿐 아니라 거기서 얻게 되는 승리의 전리품도 나눠 갖게 된다.

감사의 비밀은 우리의 마음과 정신에 가득 담겨 있다. 그 비밀을 알고 깨달아감으로써 모든 일의 결국에 성공과 기쁨을 누리게 되기를 기원한다.

06

행복이란 바로 감사하는 마음이다

행복이란

행복감은 사람들에게 자신이 원하는 것이 충족되어 부족함이 없는 상태가 되면 나타나게 된다. 그리고 이런 상태의 행복은 심리적으로도 사람을 밝게 만드는 긍정적인 태도를 보이게 만든다. 긍정적으로 사는 사람들은 비록 불리한 상황에서도 희망적인 생각과 말, 행동을 적극적으로 선택하는 경향이 있다.

따라서 일이나 업무에 있어 그저 잘하라고 억압을 하는 것보다는 만족할 만한 환경을 만들어줌으로써 보다 바람직한 결과를 낳게 할 수 있다.

그런데 정작 행복에 대한 기준은 사람들 각자마다 모두 다르다. 살아온 배경이나 환경이 모두 똑같을 수 없기 때문이다. 일반적으로 생각되는 행복 조건이 아무리 다 갖춰진다고 하더라도 당사자 자신의 기준에 맞지 않으면 그는 불행하게 느낄 수도 있다.

사람들이 살아가고 있는 현실의 세계에서는 행복하다고 생각하는 사람보다는 불행하다고 생각하는 사람이 훨씬 더 많다. 왜 그럴까? 그것은 사람마다 자기의 현실에 만족하지 못하기 때문이다. 특히 요즘의 물질만능주의 시대에는 좀처럼 남들과 삶의 보조를 맞추는 게 쉽지 않아 심리적인 상실감에서 빠져나오는 게 여간 어렵지 않다.

쉽지는 않겠지만, 만약 스스로 행복의 조건이나 기준을 조절할 수 있는 능력을 갖춘다면 수월하게 행복한 삶을 누릴 수도 있을 것이다. 자기 수준에 맞춰, 원하는 기준을 설정함으로써 삶의 여유를 갖게 되고 자신도 자유로워질 수 있기 때문이다.

만일 살다가 어려움이 스며들 때는, 모든 것들을 잠시 내려놓고 좋은 생각을 기억해내면서 긍정적인 태도를 유지하려는 자세가 필요하다. 아무리 힘들 때일지라도 삶을 보다 만족스럽게 유지하려는 태도는 마음먹기에 따라 얼마든지 가능한 것이다.

행복할 때의 감정은 즐거움, 사랑, 희망, 감사와 같은 긍정적인 것들이다. 물론 간혹 분노나 염려와 같은 부정적인 감정도 함께 있기도 하지만 이런 때의 부정적 감정은 자신을 지키기 위한 생존에 필요한 것이기 때문에 크게 신경 쓸 필요는 없다.

행복하지 못한 사람은 삶의 과정에서보다 결과로부터 행복을 찾는 경향이 있다. 그렇지만 행복이란 꼭 힘들게 고생해서만 얻는 것은 아니다. 어떤 성취를 이루어가는 과정에서도 얼마든지 얻을 수 있음을 기억해야 한다. 오늘날 같이 비교의식이 판을 치는 세상에서 쉽지는 않겠지만 그렇다고 전혀 불가능한 것도 아니다.

또 만약 과정으로부터 행복을 찾을 수만 있다면 실수조차도 별로 문제가 되지 않는다. 왜냐하면 종종 실패야말로 후에 더 많은 것을 가져다주는 귀한 초석이 되기 때문이다. 이런 사실을 이해하면 힘든 과정일지라도 얼마든지 행복할 수가 있다.

사람들에게 있어서 실패로 인해 상처가 되는 것은 대부분 욕심 때문이다. 나의 상처는 다른 사람들에 의해 결정되는 게 아니다. 물론 정황이야 사람들 때문에 발생할 수는 있지만 본인이 인정하지 않는 한, 그것은 자신에게 상처가 될 수 없기 때문이다. 만약 마음을 내려놓고 세상이 하는 평가보다 나 스스로에 최선을 다하는 것에 비중을 둔다면 굳이 긍정을 잃을 염려가 없을 것이다.

행복은 삶의 과정 모두에 의미를 부여할 때 찾아온다. 늘 조급한 마음으로 살아가는 사람은 행복을 생각할 여유가 없다. 행복한 마음은 물건으로 주어지는 것이 아니라 자기 존재에 대한 감사를 통해 느낄 수 있는 일이기 때문이다.

행복할 수 있을 때

감사란 고마움을 나타내는 마음이다. 그리고 행복한 사람은 자신의 삶에 기꺼이 만족하고 감사하는 마음을 가진 사람이다. 자기 존재를 돌아보며 무엇에겐가, 누구에겐가 감사한 마음을 가질 만한 여유를 가질 때 행복은 찾아온다. 작은 일에라도 기꺼이 만족하고 그 일에 감사하는 마음을 갖는다면 우리는 이미 행복해지기 시작하는 것이다.

어딘가에 실려 있던 이야기가 하나 있다. 그것은 사람들이 원하는 행복은 고난이라는 상자에 담겨 있다는 이야기다. 모두가 행복을 원하지만, 이 고난의 상자는 너무나 단단하고 튼튼하게 만들어져 쉽게 열리지 않는다고 한다. 그런데 고난이란 상자를 의외로 쉽게 여는 방법이 하나 있는데 그건 바로 감사함이라고 했다.

감사하는 마음만 있다면 아무리 힘든 세상에서라도 삶을 아름답게 만들고 행복해질 수 있다는 말이다. 그래서 인도의 시인 타고르는 "감사의 분량이 곧 행복의 분량"이라고 말을 했다.

누구나 성공만 하면 행복할 것으로 생각한다. 그러나 성공은 노력해서 얻을 수가 있지만 행복은 그렇게 해서 손에 넣을 수 있는 대상이 아니다. 행복은 구하는 것이 아니라 발견하는 것이기 때문이다. 감사하는 마음이 없다면 행복은 절대 눈앞에 나타나지 않을 것이다.

필자도 새로운 회사들로 옮겨 새로운 프로젝트들을 한창 추진할 때는 너무도 흥겨웠다. 세상의 모든 즐거움이 내 것인 듯했다. 그때는 그것이 정말 행복이라고 여겼을 정도였다. 그렇지만 늘 불안한 마음이 내 안 어디엔가 도사리고 있었다.

'혹 이러다 이거 다 무너져버리면 어쩌지?'

아마도 어떤 일을 추진하던 사람들은 동일한 종류의 불안을 느껴봤을 것이다. 그런데 정말 신기한 것은 염려하고 걱정하던 일이 내용만 다를 뿐 결과적으로 한 번씩은 발생하는 것이다. 그리고 그 일로 인해 순간적인 지옥으로 변하는 걸 체험들 했을 것이다.

일의 성취로 인한 행복은 참이 아니다. 성취로 바쁜 마음에는 감사가 담기기 쉽지 않다. 있다손 치더라도 거기엔 진솔함 없이 그저 피상적일 뿐이다. 나의 성공으로 인해서 주위에는 더 많은 상처가 남을 수도 있다. 그 이유는 이기고 지는 것으로 게임의 결과로 나오기 때문이다. 그래서 20세기 지성사에 큰 획을 그은 미국의 지각심리학자 제임스 깁슨 같은 사람은 이렇게 말한다.

"손안에 얼마나 많은 것을 쥐었는지는 그대의 행복과 아무런 관계가 없다. 그대 마음속에 감사가 없다면 그대는 파멸의 노를 젓고 있는 것이다. 다른 공부보다 먼저 감사할 줄 아는 방법부터 배우라. 감사의 기술을 배울 때 그대는 비로소 행복해진다."

평생 눈도 보이지 않고 말도 못 했던 헬렌 켈러의 "난 너무나 아름다운 인생을 살았다. 내 인생에서 행복하지 않은 날은 하루도 없었다."라는 고백은 우리에게 너무나 많은 질문을 던진다. 친구가 가진 명품이 나에겐 없다고 자살까지 하는 세상에서 그녀의 고백의 정체가 도대체 궁금하지 않을 수 없다.

필자는 이런 행복과 감사의 관계가 너무도 궁금하여, 이 책을 쓰면서 그 관계를 살펴보고 있다. 그리고 내 안에 일어나는 작은 변화들도 함께 확인하는 시도를 하고 있다.

자그마한 마음 한 조각 바꿈으로써 이렇게 달라질 수 있는 세상의 모습을 보면서 감사에 대한 경이로움에 잠겨 있는 나 자신을 종종 발견하고 있다.

07

감사로 인생의 불만을 치유하다

불만은 도대체 왜 생기는 것일까?

직장인의 경우 불평이나 불만 없이 직장 생활을 하는 사람은 거의 없을 것이다. 연봉이나 승진 여부, 근무 조건, 상사나 동료와의 관계 등등 너무 많은 부분에서 불만거리가 있을 수 있다. 어떤 일을 하든 이런 불평들은 누구에게나 자연스럽게 생길 수밖에 없다. 그것은 하나도 이상하지 않다.

그런데 문제는 불평을 자주 하게 되는 사람들의 경우를 보면 자신이 한 일에 대하여는 책임을 지려 하지 않고, 오히려 자신이 잘 해내지 못한 것에 대하여 늘 핑계를 대거나 남 탓만 하는 경우도 많다. 일을 제때 마무리하지 못하면서 그저 험담으로 덮으려 하는 경우다.

불만이 많은 사람은 다른 사람들에게 책임을 전가하기를 좋아하기 때문에 동료들과의 관계에서 문제가 많이 나타난다. 그래서 이런 불평을 자주 하는 사람들은 주위 사람들에게 불평불만만 늘어놓는 사람으로 쉽게 낙인찍히는 경우가 많다. 그리고 아무도 그 곁으로 다가가지 않으려 한다.

따라서 이러한 일들은 심해지다 보면 예상치 못한 문제가 조직에서 일어날 수가 있어 많은 주의가 필요하다. 불평하는 사람은 개선책을 바라고 의견을 피력한 것 같지만 자칫하면 푸념으로밖에는 보이지 않게 되어 팀워크에 이상기류를 불러오게 되는 것이다.

불만 사항을 이야기할 때 주의해야 할 점은 그런 행위가 습관처럼 보이지 말아야 하는 것이다. 말하는 당사자에게는 심각한 불편이 될 만한 일이겠지만 듣는 다른 사람에게는 종종 별문제가 아닐 수도 있기 때문이다. 이런 경우 제삼자의 처지에서 내용들을 살펴보다 보면 아무리 큰 문제도 의외로 쉽게 해결될 수가 있다. 그래서 불평으로는 문제 해결에 다가가기가 쉽지 않다.

이런 현상은 굳이 직장에서만 그런 게 아니다. 우리의 가정에도 불평거리는 얼마든지 넘친다. 부부간에 또는 부모와 자식 간에도 얼마든지 불평거리는 많이 있지 않은가. 왜 사람 사는 곳에는 이런 현상이 있게 되는 것일까?

일에 대한 불평이나 남을 비난하는 걸로 시간을 허비하는 사람은 그 상대와의 관계에 직간접인 관계가 있을 수가 있다. 관계가 없다면 굳이 그런 행동을 할 이유가 없기 때문이다. 그런 행동을 하는 사람은 불평함으로써 어떻게든 자기에게 뭔가 이로운 일이 생기기를 바란다. 그러다가 기대가 미처 충족되지 않으면 그 정도가 점점 더 심해지게 한다.

사실 어떻게 보면 그런 비난이나 불만은 아주 사소한 것들이다. 우리가 일상적으로 불평하거나 비난하고 다투는 것들은 그다지 큰 문제들이 아니다. 그런데도 원하는 대로 되지 않는다고 사소한 것들 때문에 자신의 감정을 상해가면서까지 힘든 시간을 보내는 것이다.

내용을 가만히 살펴보면 불평이나 비난의 중심에는 상대방이 아니라 바로 그런 말을 하는 자기 자신이 감춰져 있다. 상대에게 문제를 던져놓고 그에게 책임을 묻고 있지만 그건 바로 자신이 그 문제의 중심에 있음을 미처 알지 못하기 때문이다.

필자도 종종 직원으로부터 다른 누군가에게 문제가 있으니 해결해달라는 부탁을 받는다. 그런 경우 일어난 문제를 객관적으로 살펴보면 다른 사람 아닌 바로 그 자신에게 더 큰 오류가 있음을 어렵지 않게 발견하곤 한다.

이런 경우의 조언은 불평거리로부터 한 발짝 뒤로 물러서서, 조금은 냉철하고 객관적으로 생각해볼 수 있는 여유를 가져보라고 권한다. 심정적으로야 원망이 쌓여 있어 문제의 본질을 보기가 쉽지 않겠지만 조금이라도 객관적으로 볼 만한 위치로 옮겨서 본다면 관점이 달라질 수 있으므로 그렇게 권해보는 것이다.

역시 불평불만이 생길 때는 그것을 쌓아두지만 말고 적당한 해소법을 찾는 것이 중요하다.

불만과 감사

전문가들의 의견에 의하면 이런 직원들을 효과적으로 다루기 위해서는 그들의 불평을 한두 번 정도 들어주는 게 효과적이라고 한다. 그러나 반복해서 들어주게 되면 그들의 불평불만에 정당성을 주게 되므로 주의가 필요하다. 불평이나 문젯거리가 생기면 상대에게 즉시 말하는 게 중요하다. 마음에 오래 품고 있으면 근거 없이 문제가 커지거나 심지어 자신마저 해칠 가능성이 커지기 때문이다.

이런 대화에 임하기 전에 상대에 대하여 이전에 감사했던 것을 몇 가지를 기억하는 건 정말 좋은 생각이다. 불만이 있다면 그와 반대로 만족한 것들도 있었을 것이기 때문에 좋은 기억을 떠올리는 건 아주 바람직하다.

심리학자들은 사람이 감사하게 되면 뇌 좌측의 전전두피질을 활성화해 스트레스가 완화되고 행복해진다는 사실을 발견했다. 이는 마치

'reset(재설정)' 버튼을 누르는 것과 같은 효과라고 한다.

　미국 마이애미대 심리학 교수 마이클 맥클로우에 의하면, 잠시 멈춰 경험했던 감사함을 생각해보는 순간 우리의 감정 시스템은 나쁜 감정에서 벗어나 아주 좋은 상태로 이동하게 된다고 한다. 마치 승리에 도취한 감정과 같은 좋은 감정의 흐름으로 바뀌는 것을 말한다.

　만약 필자도 이런 사실을 일찍 알았다면 그렇게 오랫동안 쌓아 올린 것들을 그렇게 쉽게 잃지 않았을지도 모른다. 사람 안에 어떤 불평이 일단 들어와 싹을 틔우다 보면 순식간에 걷잡을 수 없이 커지게 되기 때문에 어떻게든 좋지 않은 생각을 멈추게 하는 일은 아주 중요한 대응책이다.

　어떤 오해나 불평이 마음에 들어오게 되면 우리의 생각은 좋지 않은 방향으로 몹시 분주히 움직이게 된다. 이런 현상을 꼭 나쁘게만 볼 수 없는 것은, 사람의 본능 상 위험이 감지되면 이를 줄이려는 방향으로 우리의 몸이나 마음이 즉각적인 대응을 하기 때문이다.

　그러나 심호흡을 하거나 잠시 시간을 내어 명상과 같은 방법을 취해본다면 그런 생각에서 더 쉽게 벗어날 수가 있다. 이렇게 함으로써 생각의 흐름이 바뀌게 되면 한결 이성적인 접근이 가능해진다.

이럴 때 감사를 마음에 떠올려 우리의 생각을 리셋시킴으로써 부정적인 생각을 순간적으로 지워버릴 수가 있다. 바로 그 리셋 상태에서 다시 좋은 감정의 그림도 얼마든지 그려볼 수 있게 된다.

사람들의 실패는 불평거리가 생겼을 때, 그에 대하여 현상적인 것에만 집중하려 했지 그 생각을 바꿔보려고 시도하지 못했던 게 패인이다. 현상적 접근의 한계다. 감사와 같은 심리적인 접근으로도 얼마든지 선한 결과를 만들어낼 수 있음을 전혀 모르기 때문이다.

요즘도 필자에게 간혹 맘에 안 드는 일들이 생각 중에 오고 간다. 일하는 모습들이 나의 직성에 차지 않는 부분도 그중의 하나다. 그러나 이제 나의 접근법은 불만 자체보다는 그들로 인한 감사를 떠올리는 일이다. 당장 행동의 개선이 없을지라도 나의 정신적 건강이나 안정감은 지킬 수 있기 때문이다.

불평의 시간 중에도 감사할 기회는 역시 존재하는 법이다.

08

감사의 마음이 가장 완벽한 기도다

감사로 축복을 얻는 방법

미국의 시인이자 소설가 그리고 사회운동가인 앨리스 워커는 "'감사합니다'는 사람이 할 수 있는 가장 훌륭한 기도다."라고 말했다.

평상시의 사람들은 어떤 느낌으로 살고 있을까? 이 글을 읽고 있을 독자들은 바로 지금 이 순간 어떤 느낌을 가진 채 살고 있을까? 혹시 뭔가에 대한 결핍감으로 인해 불만족스럽거나 행복하지 않다고 생각하지는 않는지 모르겠다. 그러나 적어도 감사에 관한 이 책을 읽고 있는 이 순간만은 감사함에 관한 생각이 많을 것은 분명할 것 같다.

감사란 다름 아닌 우리가 받은 축복을 세어보는 일이라고 앞에서 말한 바가 있다. 아무리 슬프거나 끔찍하더라도 사람의 삶에는 감사할 만한 게 반드시 있기 마련이다. 그 말은 우리는 어떤 형태로든 받은 축복들이 있다는 뜻이다.

우리는 자기 아닌 남들이 누리며 사는 것들을 바라보면서 비교의식의 함정에 빠지기가 너무 쉽다. 그러나 겉으로 볼 때, 다른 사람들은 모든 걸 다 누리면서 살고 있다고 생각할지 모르지만 사실 이는 그림의 너무 작은 부분만 바라보는 것이다. 그 이유는 우리로서는 그들이 겪고 있을 그들만의 어려움을 전혀 알지 못하기 때문이다.

아마도 이 땅 위에 사는 사람 중에서 완벽한 삶을 사는 사람은 아무도 없을 것이다. 그들 모두 자신들이 미처 소유하지 못한 무언가를 찾아 살고 있기 때문이다. 어떤 사람은 비록 재산은 없을지 모르지만 훌륭한 건강의 복을 누리는 사람이 있을 것이다. 또 누군가는 반대로 돈은 많지만,

건강을 아쉬워하면서 사는 이들도 있을 것이다. 그런 사람들은 반대로 건강한 자를 부러워하면서 살고 있을지도 모른다. 그러므로 남들로 인해 우리 자신이 불행해질 이유는 전혀 없다.

여기서 이야기를 잠깐 바꿔, 사람은 자신이 꿈꾸는 건 뭐든 가질 수가 있다. 그렇지 못할 이유는 없다. 다만 그런 사실을 믿으려 하지 않는 것뿐이다. 당신의 행복을 성취하기 위해서는 당신의 마음 안에 남아 있는, 믿음을 방해하는 것들을 떨치고 나와야만 한다.

쉬운 일은 물론 아니겠지만 당신의 배짱과 결단으로 못 할 일도 아니다. 그러기 위해서 자기 생각을 우선 크게 갖는 게 필요하다. 그렇게 시도하다 보면 안 될 이유가 안으로부터 끊임없이 들고 일어서겠지만, 포기를 해버린다면 당신은 부정적인 생각에 따라 계속 지배당하고 말 것이다. 이렇게 되면 당신의 목표나 꿈과 행복의 성취는 요원해질 것이다.

당신이 지금 어디에 처해 있는지는 조금도 중요하지 않다. 진짜 중요한 것은 당신이 이루고 싶은 꿈의 유무이다. 꿈을 성취하는 데 있어 사람의 감정은 말할 수 없이 중요한 동력이다. 자신의 꿈에 당신의 감정이나 느낌이 더해질 때 그 생각은 현실로 나타나게 될 것이기 때문이다.

꿈을 향한 긍정적인 사고를 할 때 행복하고 감사한 마음이 더해진다면 당신의 생각은 곧 실제의 모습으로 나타나게 될 것이다. 계속 의심이나 부정적인 생각이나 하면서 그 위에 좋지 않은 감정까지 얹는다면 바라는 꿈의 실현보다는 부정적인 현실만 눈앞에 나타나게 될 뿐이다.

그러므로 계속 부정적인 생각이 떠오를 때는 '정말 이게 내가 바라는 생각일까?' 스스로 자문해보는 게 필요하다. 만약 그게 아니라는 대답이 나오면 즉각 반대편으로 생각을 바꿔야 한다. 마음에서 사고 싶은 집이 나타나지 않아 집을 못 장만할 것 같은 생각이 들 때, 당신이 이미 그 집에서 사는 모습을 상상해보며 미리 흡족해하는 느낌을 가져보는 것이다.

일상생활 중의 감사

감사를 표시하는 일은 우리의 삶을 멋지게 만드는 가장 강력한 연습 방법이다. 어쩌면, 당신은 지금 전혀 감사를 못 느끼고 있을지 모르지만, 다른 사람들이 볼 때 평생 원하고 바라는 것들을 이미 누리고 있을지도 모른다.

꿈이나 소원은 자신이 이미 소유하고 있음을 깨달아 진정 축복으로 알고 감사할 때 함께 따라오는 것이다. 간절히 바라는 열망 자체가 잘못된 것은 아니지만 온 우주의 섭리는 가진 것에 대한 감사가 있을 때 더 큰 축복으로 따라오게 되는 법이기 때문이다.

감사의 자세를 유지하는 좋은 방법 중 하나는 자신이 하루 중에서 진정으로 감사하게 느끼는 것을 몇 가지씩 확인하고 적어보는 습관을 갖는 것이다. 처음에는 조금 쑥스럽기도 하겠지만 반복하여 습관이 되면 전혀 어렵지 않고 그로 인해 얻게 되는 긍정의 파동을 유지할 수가 있을 것이다.

이렇게 감사의 습관을 꾸준히 하다 보면 보다 자주 행복하게 느끼게 될 뿐 아니라, 계속 더 좋아지는 성취들로 자신이 바로 좋은 것을 끌어당기는 자석과 같은 존재가 되고 있음을 알게 될 것이다. 미리 감사하는 것이야말로 현실의 축복을 나타나게 하는 비밀인 것이다.

만약 감사 노트를 작성한다면 미래형이나 부정적인 표현을 사용하지 말기 바란다. 현재형의 이미 이루어진 사실로 묘사하는 게 가장 파워풀하다는 전문가들의 의견이다. 매일 끈기가 있게 해나가다 보면 자신이 바라던 모든 것이 어느새 자신의 손안에 있음을 깨닫게 될 것이다.

언젠가부터 '감사합니다', 'Thank you!'가 필자의 입에서 만트라처럼 따라다니고 있다. 그래서 아침 산책 나가면서도, 또 이른 아침 출근해 아직 아무도 출근하지 않아 빈 사무실들을 지나가면서도, 심지어 업무에 불만을 표시하는 사람들에게조차도 감사를 하는 내 모습을 발견한다.

전 같으면 바른 말을 해주고 싶었던 사람들도 책상에 앉아 감사의 내용을 떠올리곤 한다. 아마도 이게 가장 많이 바뀐 나의 모습이 아닐까 생각한다. 이는 내게 있어 가장 큰, 마음의 평안을 얻는 방법이다.

사람들을 평가해야 하는 위치에 있어 부득불 어떤 조처를 해야 하는데도 감사하는 마음으로 좀 더 인내를 갖게 만들고 기다려주는 시간에 대한 이유를 제공해준다. 이미 포기했을 사람에게도 마음으로 그림을 하나씩 그려나가기 시작한다. 그 그림에는 그가 이룰 성취와 함께 행복해하는 모습이 담겨 있다. 이런 그의 모습은 바로 나의 즐거움이 되기도 한다.

시중의 서점에 가면 엄청난 양의 자기 계발 서적들이 쌓여 있다. 필자는 이렇게나 많은 책의 목표는 결국 모두 각자의 행복으로 연결되어 있을 것이라고 믿는다. 수많은 리서치나 조언들이 있지만, 그중에서 가장 쉽고 효과적인 성공의 비밀은 우리의 입술에 있는 감사의 한마디이다.

오늘 이 순간 그 비밀의 한마디: "감사합니다!!!"

진정한 부자를 만드는 것은 감사의 마음이다

감사는 삶의 방식

감사는 훈련이고 삶의 방식이다. 그리고 감사는 사람을 행복하게 만들기도 하고 풍요롭게 만들기도 한다. 대부분의 사람은 지금 현재라는 시간에 살고 있으면서도 아직 오지도 않은 미래에 집중하거나, 아니면 악몽 같았던 지난 시간에 얽매여 산다. 그러나 감사하는 사람은 지금이라는 시간에 집중한다. 현재라는 가장 중요한 시간대를 기억하는 것이다. 현재에 산다는 말을 곱씹어볼 필요가 있다.

때때로 사람들은 자신에게 주어진 삶을 불필요하게 다른 사람들과 비교함으로써 괜히 힘들게 만들기도 한다. 무분별한 비교의식은 사람의 마음을 그야말로 죽을 지경으로까지 몰고 간다. 그렇지만 감사는 비교의식이 마음에 스며들어 힘들 때조차도 해독제의 역할을 한다. 그리하여 자신의 삶을 다시금 인정하게 만들고 다가올 미래에 대해서도 올바른 기대를 할 수 있도록 도와준다.

우리들의 입에서 나오는 부정적인 비평 또는 불평은 우리의 삶이 풍요로 가는 길에 철저한 방해를 한다. 그러나 감사와 긍정은 우리의 환경을 순식간에 새로운 세계로 옮겨놓는다. 긍정과 부정 중에 어떤 것을 택할지는 항상 우리의 선택에 달려 있으므로 그저 자신이 원하는 방향만 결정하면 된다.

여기서 선택이란 우리 자신이 처한 상황에 대한 각자의 해석을 말한다. 아무리 의미 없는 삶을 산 것 같아도 각 사람의 인생에는 귀하고 아름다운 스토리들이 넘친다. 때때로 자신이 선택했던 삶이 귀한 이야기들을 만든 것이다. 긍정과 부정을 선택했던 사람들 각각은 전혀 다른 경험을 만들어가고 있음이다.

어떤 경우에도 자신의 중심을 바라보고 그 안에서 나름의 기쁨과 행복을 찾아 누리는 사람이야말로 가장 현명한 사람이다. 어떤 상황에서도 누릴 여유는 항상 있기 때문이다. 이런 사람들에게서 관찰되는 것이 바로 감사의 태도가 아닐까 한다.

그래서 자기만의 내적 아름다움과 감춰진 노래를 찾아내는 능력을 키우는 게 중요하다. 불평이 넘치는 환경에서도 좋은 것들을 찾아내어 긍정으로 채우는 일은 귀한 일이다. 메모장을 항시 갖고 다니면서 지나가는 좋은 생각과 감사를 적어나가면 세상은 뜻하지 못했던 멋진 모습을 보여줄 것이다. 그렇게 우리 안에는 더욱 귀한 것들로 차고 넘치게 될 것이다.

한편 누구나 일터에서 겪는 좌절이 많지만 이런 감사의 습관은 일의 효율을 높여주고 훨씬 많은 사업상 이익을 만드는 데도 기여를 한다. 업무에 도움이 필요한 사람들을 기꺼이 돕는 멘토의 역할을 할 수 있게 하기도 한다. 밝고 감사할 줄 아는 사람들이야말로 누구든지 함께 일하고 싶은 파트너로 원하기 때문이다.

'감사합니다'는 우리가 받는 축복들에 대한 감사함을 나타내는 말이다. 마음에 담긴 감사는 우리가 매일 만나게 되는 모든 상황을 (비록 긍정적인 것이 아닐지라도) 기꺼이 맞게 한다. 이는 우리가 만나게 되는 모든 상황에 대해서 제대로 해석하고 적응하는 능력을 보여주기 때문이다.

그래서 감사는 모든 긍정 에너지의 원천이다. 그리고 우리의 삶에서 무한하게 자라날 수 있는 긍정의 씨앗이 뿌리내리도록 돕는다. 이렇게 뿌려진 좋은 씨앗들은 장차 각자의 삶에 원하는 바대로 선한 열매로 그 모습을 보이게 될 것이다.

어떤 부유함으로 살 것인가?

조직에서 행복하고 감사한 사람들의 수입이 더 많다는 통계 자료는 얼마든지 있다. 〈비즈니스 인사이더〉에 의하면 자신이 행복하다고 생각하는 16~18세의 학생들이 22세가 되었을 때 훨씬 더 삶에 대한 만족도를 가졌다. 그리고 그들이 29세가 되었을 때는 같은 그룹의 평균 수입보다 10%나 많았다고 보고하고 있다.

종종 일하면서 만나는 사람들 가운데 자신의 이익이 항상 최우선에 있는 사람들을 자주 보게 된다. 이런 사람들은, 남을 배려하는 마음이 전혀 없이 자신들의 이익만 따지게 되므로 함께 일하는 사람들의 마음을 상하게 하는 게 문제로 나타난다. 이런 일들이 빈번하게 나타나게 되면 아무래도 팀워크에 부정적인 영향을 미치게 마련이다.

그러나 감사한 사람들은 조직을 낙관적이고 긍정적으로 만든다. 그런 자세는 사람들과의 관계를 더욱 돈독하게 만들고 그로 인해 탁월한 재정적 성공을 만드는 계기가 된다. 그런 태도는 자신이 미처 갖고 있지 못한 결핍조차도 이미 소유하고 있는 것으로 삶의 초점을 바꾸어주기 때문이다.

다달이 돈을 벌어야 살 수 있는 처지에서조차도 자신에게 주어진 일자리로 인해 필요한 경비들을 벌 수 있음에 감사하는 태도와 같다. 자신의 처지를 얼마든지 비관할 수도 있지만, 그보다는 앞으로 다가올 미래에 대한 소망을 갖고 미리 감사할 수 있는 여유를 누리는 것이다.

이렇게 감사는 사람의 인생에 여러 가지 가능성의 문을 제공한다. 그

문은 재정적인 것뿐만 아니라 건강과 영성, 사회적 제반의 관계에도 지대한 영향을 미친다. 바로 이런 것들이 사람들을 진정한 부자로 만들어주는 것이다.

감사는 다름 아닌 생각의 전환이다. 만약 우리 자신에게 조금만 더 민감해진다면 더욱 쉽게 바꿀 수 있다. 자신 안에 화가 올라오거나 불평, 부정적인 생각이 들게 될 때는 무언가 자신이 입었던 은혜나 감사함을 떠올리는 것이다. 나의 멋진 가족이나 여행에 대한 기대감, 또는 승진의 추억 등등 무엇이든 괜찮다. 일상의 즐거웠던 일들을 적극적으로 더 많이 생각해내는 것이다.

유명한 세일즈 블로거인 죠프리 제임스는 감사를 사람을 강하게 하고 성장시키는 '정서적 근육'으로 여기라고 권한다. 감사의 근육은 매일 훈련을 통하여 튼튼하게 키울 수가 있을 것이다. 틈틈이 감사를 생각하여 적어나가거나 주위와 나누는 습관은 이 근육을 키우는 훌륭한 방법이다. 옆에서 자신의 감사 버릇을 세세히 관찰해주는 '버디' 하나쯤 두는 것도 좋은 방법일 것이다. 그 점에서 배우자가 서로 모니터한다면 아무리 힘든 때라도 얼마든지 고난을 극복할 수 있을 것이다.

필자도 감사를 배우고 나서는 시간이 날 때마다 '감사합니다'를 만트라로 삼고 생활 가운데서 실천해나가고 있다. 이로써 내 안에 있을 부정적 에너지를 몰아내고 만족한 세상에 거하는 연습을 하고 있다.

요약하면 감사하지 못한다면 만족스러운 삶과는 전혀 상관이 없다. 감사를 깨닫지 못하는 사람에게는 자신의 소유의 많고 적음에 상관없이 행복은 존재하지 않는다. 그러므로 감사를 먼저 연습하는 게 가장 필수적인 사항이다. 그것이 바로 진짜 성공을 위한 연습이다.

10

감사는 내 인생 최고의 선물이다

우리에게 주어진 감사의 능력

『시크릿』의 저자 론다 번은 "삶이 어떻게 펼쳐지고 있는가에 대한 당신의 판단이 곧 당신이 느끼는 행복의 정도이다."라고 말하고 있다. 나는 이 말을 조금 바꿔보고 싶다. 우리가 누리는 행복의 정도는 바로 우리의 의식이 알아챌 수 있는 감사의 능력에 달려 있다고.

사람의 지금까지의 삶이 어떠했는지는 평소 그들의 말버릇을 보면 잘 알 수가 있다. '원하는 일을 기분 좋게 할 수 있어 행복하다', '오늘도 원하는 만큼 걸을 수 있어서 만족스럽다', '마음이 통하는 친구가 있어 감사하다' 등과 같이 자주 말하는 사람들은 행복에서 그리 멀지 않은 사람들이다. 그들에게는 감사를 깨닫는 능력이 있는 것이다. 그리고 자신이 느끼는 좋은 점들을 수시로 입으로 표출한다는 사실은 삶의 질을 나타낸다.

만약 자신의 삶을 최고의 것으로 바꾸고 싶다면 그 방법은 간단하다. 자신이 무얼 만족해하는지 먼저 깨닫는 일이다. 그것은 자신의 성향을 파악하여 그에 대한 만족함을 충족시킴으로써 행복해지는 삶을 찾아가는 것이다. 그 만족함으로 얻어질 감사함은 자신의 삶을 통째로 변화시킬 것이다.

그래서 매일의 삶에서 하루 중 감사했던 일들을 기억해내는 일은 정말 필요하다. 감사는 사람의 만족함을 통해 자신이 가야 할 길을 보여주기 때문이다. 수시로 자신의 생활을 돌아보면서 긍정적인 것들을 찾아보는 습관은 우리의 삶을 현저하게 긍정적인 방향으로 향상시켜준다.

미국 마이애미대 심리학 교수 마이클 맥클로우에 의하면, 길을 가다 잠시 멈춰 자신에게 주어진 감사를 생각해보는 순간에 우리의 '감정 시스템'은 이미 두려움이나 어려움에서 벗어나 '좋은 상태로 이동'하게 된다고 말했다. 그 순간은 어떤 승리를 했을 때의 마음과 크게 다르지 않다는 것이다.

전 같으면 이유를 모르는 불안감이 까닭 없이 스멀스멀 기어오르기도 했었을 것이다. 괜히 무언가 잘되던 일마저도 '혹시 이러면 어쩌나?' 하는 생각이 들게 되면 순간적으로 끝없는 나락에 빠지기도 했을 것이다. 그러나 잠시 멈춰 숨을 한 번 들이쉬고는 어떤 보다 좋은 감사하고 즐거운 일을 기억해낼 수만 있다면 이런 힘든 감정들도 모두 정상으로 '리셋' 되어버릴 수가 있다.

그래서 감사를 할 수 있는 사람은 훨씬 밝고 매사에 적극적이고 열정적이어서 다른 사람들과의 관계도 더 좋아질 수가 있다. 학계의 보고에 의하면 감사는 스트레스 완화제로 분노나 화, 후회 등 불편한 감정들을 비교적 덜 느끼게 하는 메커니즘을 가동시킨다고 한다. 그래서 다른 사람들보다 감사일기를 쓰는 사람이 훨씬 높은 행복 지수를 유지할 수 있기도 하다. 주위에서 이런 성공 사례를 얼마든지 발견할 수 있음은 전혀 이상하지 않다.

사람에게 어떤 시련을 극복해야 하는 때가 온다면 가장 먼저 감정과 마음을 이기는 일이 가장 우선적이다. 아마도 눈앞이 캄캄해지고 다리에서 힘이 쭉 빠질 정도의 일을 당한다면 세상 어느 것도 마음에 들어오지 못할 것이다. 그러나 아는가? 세상 어떤 일도 감당할 수 없는 것은 없다는 사실이다. 이런 순간도 얼마든지 이겨내고 승리할 수 있음을 사람들 모두 몸으로 직접 경험하면서 살아내고 있다.

이렇게 감사는 우리에게 전에는 미처 몰랐던 만족함과 행복감을 주고 우리가 매일 접하는 일들에 대한 동기 부여와 추진력으로 이어지게 한다. 그리고 그동안 메마른 마음으로 무미건조하게 맞았던 우리의 시간을 가슴 설레는 순간으로 바꾸는 기적을 우리 앞에 보여준다.

지금의 이 순간조차도 꽤 괜찮은 순간이라고 생각만 할 수 있어도 우리의 삶의 만족도는 엄청나게 달라질 것이다.

감사를 매일의 식사와 같이

감사는 식사와 같다. 매일 할 수만 있다면 우리의 행복도 매일 자라게 된다. 감사를 걸러서는 안 된다. 소식이어도 매일 해야 하는 식사처럼 작아도 감사를 꾸준히 확인하는 일은 우리의 행복을 위한 영양분을 끊임없이 공급하는 일이다. 그런 꾸준함은 사람을 크게 성장시키는 힘의 원천이 된다.

매일 다섯 가지의 감사일기를 쓰면서 자신의 곤궁했던 처지를 벗어나 성공과 행복을 얻은 오프라 윈프리의 스토리텔링은 사소한 일에서도 얼마든지 사람의 삶을 바꿀 수 있다는 귀한 경험이고 나눔이다. 이는 단지 실행만 한다면 누구에게나 일어날 수 있는 살아 있는 기적의 도전이다. 또 그녀의 이런 경험은 얼마나 많은 사람의 삶을 변화시키고 있는가?

사람이 사는 동안 작은 일에도 만족할 줄 앎으로써 감사해하고 또 행복할 줄 안다는 사실은 그야말로 복된 삶이다. 이런 우리의 태도는 나아가 가족 및 속해 있는 여러 공동체에도 행복한 긍정을 이루게 할 것이다.

바로 작은 감사지만 세상을 바꾸는 힘을 발휘하는 것이다. 우리의 주변에 행복하지 않은 모습으로 인해 주위에 상처를 주는 사람이 얼마나 많은가? 우리가 많은 시간 함께하는 공동체에 긍정과 행복을 나눠주는 일은 그런 세상을 창조하는 것과 같다. 우리가 매일 접하는 온라인 네트

워크에 자신의 행복을 자주 나누는 일은 정말 좋은 일이다.

필자도 온라인 친구가 부쩍 많아졌지만 이런 나눔으로 키워가는 우정
은 우리 모두에게 큰 행복이다. 파면 팔수록 불행해지는 이야기보다 조
금이라도 모두에게 유익이 되고 행복해지는 소문을 내기 바란다. 내가
아는 어떤 사람은 세상의 불의만 바라보며 평생 자신의 의식을 칼같이
키워왔지만 그게 자신의 삶에 어떤 영향을 주었을 것 같은가? 세상은 여
전히 자신의 원리대로 돌아가고 있을 뿐, 자신에게는 작은 행복 하나 이
루어진 게 없는 것처럼 보인다.

하루 중 틈이 나는 시간이 있으면 종이 한 장을 펴놓고 행복 목록을 작
성해보라. 그 위에 자신을 행복해지게 만들 만한 것들을 적어보라. 그 숫
자는 제한이 없다. 아마도 많으면 많을수록 자신의 행복 영역이 더 클 수
있다는 사실을 깨닫게 될 것이다.

필자는 매년 다이어리를 받으면 맨 앞의 첫 장에 새해에 이뤄지면 정
말 좋겠다 할 만한 일들을 적어놓는다. 가능성이 별로 크지 않은 그야말
로 희망 사항 목록이다. 지난해에는 30여 가지를 적었던 것 같다. 그런데

그해 중반도 넘어가기 전에 맨 위의 톱 리스트 중에서 무려 4개나 이루어진 걸 발견하고 몹시 흥분했던 기억이 있다. 작성할 때는 거의 불가능하다고 생각했던 것들이 이뤄진 것이다. 혹시 여기서 이루어진 4개가 적다고 생각할지 모르겠지만 그 네 가지는 나머지 전체와 견주어도 좋을 만큼 중요한 것들이었다.

헨리에트 앤 클라우저의 『종이 위의 기적, 쓰면 이루어진다』를 읽다가 불현듯 작성했던 것이었는데 그 후로는 원하는 게 생기면 무조건 적고 본다. 스스로 마음에 드는 게 있으면 마치 아이처럼 따라 해보려는 시험 정신을 너무 좋아한다. 바로 감사에 관한 이 책을 집필하게 된 것도 그런 성격의 산물이다.

내 삶에 제대로 감사를 알게 된 것은 귀한 일이었다. 이 감사와 함께 내게 찾아와 준 작가로서의 새로운 경험은 그야말로 내 인생의 축복이었다.

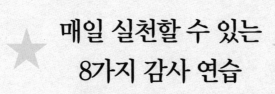

3장

매일 실천할 수 있는
8가지 감사 연습

Gratitude is the best gift of life

▶ 매일 지면 위에 심는 감사의 연습은
미처 준비가 안 된 사람들에게도
행복한 마음을 거둘 수 있도록 돕는다.
바로 종이 위에 쓰는 감사에서 비밀스러운 기적이 시작됨이다.

쓰기만 해도 행복해지는 감사일기

쓰는 감사

앞에서 이야기한 헨리에트 앤 클라우저는 자신의 책, 『종이 위의 기적, 쓰면 이루어진다』에서 어느 장의 제목을 "삶의 기적은 작은 노트에서 시작된다"라고 붙였다. 필자에게는 너무도 멋지게 다가왔던 제목이다. 굳이 많은 설명이 없더라도 내가 남기는 노트 한 자락이 어떻게 사람의 삶에 영향을 미칠지 너무 잘 표현된 것 같지 않은가?

필자도 살아오면서 나의 모든 문이 닫힌 것처럼 답답하고 힘들 때는 세상의 모든 잡음을 끄고 내 안의 소리에 집중하려 했다. 이렇게 힘들 때는 세상에 미처 풀어내지 못한 서운한 감정이 내 안쪽 어디엔가 잔뜩 쌓여 있는 것만 같았다. 어딘가에 털어놓지 않으면 문제 해결이란 결코 없을 것처럼 생각되었다.

그런 문제를 해결하기 위해 사용했던 방법은 다름 아닌 기록이었다. 여러 곳에서 사람들의 불안전한 감정을 자신에게서 분리하는 방법으로 종종 글쓰기를 추천하고 있었다. 감정을 문자로 적어 가시화시킴으로써 마음으로부터 분리해내는 방법이다. 글로 적어 감정을 객관화시켜가다 보면 마음에서 분노나 서운함 등등이 많이 차분해지는 게 바로 그런 이유라고 한다.

필자도 틈틈이 시간 있을 때마다 떠오르는 여러 가지 생각들을 노트에 적어나갔다. 마땅한 장소가 없으면 누구에게도 방해받지 않는 카페나 도서관 등에서 마음이 풀릴 때까지 홀로 앉아 적어나가곤 했던 기억이 새롭다.

노트는 정말 편리한 곳이다. 굳이 아무런 주제 없이도 나의 마음을 적어나가다 보면 부정적인 생각이 어느새 사라져버리곤 했다. 그러면 다시 하나씩 긍정의 생각들이 그때부터 머리를 들게 되고 그로 인해 뭔가 해결책이 떠오르기도 했다.

우리 자신의 무의식에는 무궁무진한 능력이 있다. 우리에게 때때로 닥치는 힘든 상황이 오히려 좋은 변화의 기회가 될 수가 있다. 문제로부터 돌아서서 무의미했던 지난 시간을 지워버리고 새로운 상태로 변환할 기회가 되기도 하는 것이다.

그렇게 힘들 때마다 노트에 나 자신과 대화를 하면서 어려웠던 상황들을 생각보다 빨리 헤쳐나올 수가 있었다. 당시의 암담함은 끝이 안 보였지만 결국 지나놓고 보니 생각보다 훨씬 선한 결과들이 만들어지게 되었다.

감사일기의 힘

필자의 초기 기록은 주로 자신의 감정들을 지면 위에 쏟아놓는 것들이었다. 의외로 그것은 상당히 가치가 있던 일이었다. 아무 곳에도 털어놓을 수 없었던 마음을 지면 위에 풀어놓다 보면 뜻하지 않게 많은 위로가 되었다. 산만하게 흩어지던 마음이 종이 위에서 형체를 갖추고 눈앞에 나타났을 때 뭔가 내게서 떨어져나가는 듯한 마음이 들었다. 그렇게 한 가지씩 힘든 일들을 마음에서 내보냈던 시간이었다.

그즈음에 하루 백 가지의 감사를 연습하면서 새로운 경험을 할 수 있었다. 그것은 위의 힘들었던 마음을 비우는 동시에 무언가 새로운, 보다 긍정적인 것으로 채우는 일이었다. 자신에게 감사할 게 하나도 없을 것만 같은 상황이었지만 날이 지나가면서 환경에 대해 조금씩 눈이 열리는 것을 알 수가 있었다.

세상에 어디에도 당연히 주어진 것은 없었다. 지면 위에 계속 써나가면서 감사함이라는 감정이 조금씩 살아나는 것도 경험했다. 감사 노트를 쓸 무렵, 오프라 윈프리의 저서인 『내가 확실히 아는 것들』은 내게 많은 격려가 되었다. 그녀가 감사 제목을 10년 동안이나 계속해서 하루 다섯 개씩 적었다면 나도 지금부터 얼마든지 할 수 있겠다는 생각이 들었다.

그리고 그녀가 책에서 담담하게 적어간 글들은 내게 너무 많은 생각을 하게 만들었다.

"나는 매일 누군가를 위해 좋은 일을 하려고 노력한다. 개인적으로 아는 사람이라도 좋고 아니어도 상관없다."

"감사하는 것이야말로 당신의 일상을 바꿀 수 있는 가장 빠르고 쉬우며 강력한 방법이라고 나는 확신한다."

"다른 사람들이 당신에 대해 어떻게 생각하는지를 걱정하는 한, 당신은 그들에게 소유된 셈입니다. 외부의 승인을 필요로 하지 않게 될 때 비로소 당신은 스스로의 주인이 될 수 있습니다."

그렇게 감사 연습을 백 일간 해보면서 이제부터라도 나 자신을 위한 삶을 새로이 바꿔볼 수 있겠다는 마음이 들었다. 감사를 기록하는 일은 내가 이전엔 미처 깨닫지 못했던 것들에 대한 인식을 완전히 바꿔준 것이다. 내 생각 여하에 따라서 얼마든지 내가 풍성하게 살고 있는지도 알 수 있고 그 결과로 내 주위에 얼마든지 넘치는 감사들이 있음을 비로소 깨닫게 되었다.

또 감사들을 적어나가면서 세상에 당연한 것은 없다는 사실도 배우게 되었다. 그리고 그 동안 그것을 미처 깨닫지 못해 포기해야 했던 것들도 기억나게 해주었다.

지금 나의 감사 기록 방법은 간단하다. 일상의 업무 노트에 함께 하루 중의 감사를 함께 적어나가고 있다. 일단 아침에 눈을 뜨면 가장 먼저 떠오르는 감사를 생각해보고 아침 묵상용 별도의 앱에 기록을 남긴다. 하루에 다섯 개를 적는 걸 목표로 하지만 수시로 감사할 게 있으면 그때그때 적어간다. 그렇다고 꼭 몇 개씩이라는 숫자에 집착하지는 않는다.

그리고 잠자리에 들기 전에는 하루 동안 감사했던 것들을 정리하여 기록하는 시간을 갖는다. 이때 누군가에게 감사를 표한 일이 있었는지도 함께 살펴본다. 이는 말만이 아닌 생활에서 감사를 표현하는 습관을 키우기 위해서이다.

하루의 낮 동안, 아무에게도 방해받지 않는 시간을 찾아 명상 시간을 갖는다. 이때는 세상의 소음에서 잠시라도 마음을 접고 내면의 감사를 찾아보는 시간이기도 하다. 이때 혹시 마음에 남아 있을 어떤 종류의 번

잡한 마음을 내려놓는 연습도 함께 하곤 한다.

이런저런 일을 겪는 동안, 삶에서 조용하면서도 가장 파워풀하게 사람을 긍정적으로 바꾸어주는 건 다름 아닌 감사임을 확인할 수 있었다. 이처럼 매일 지면 위에 심는 감사의 연습은 미처 준비가 안 된 사람들에게도 행복한 마음을 거둘 수 있도록 돕는다. 바로 종이 위에 쓰는 감사에서 비밀스러운 기적이 시작됨이다.

호흡처럼 감사하자.

감사 리스트를 작성하라

무엇에 집중하며 사는가?

감사 리스트는 평소 살면서 우리가 감사하게 느꼈던 점들을 기록해놓은 목록이다. 하루라는 시간을 살아가는 우리 주변의 밝고 긍정적인 것들을 보면서 뭔가 감사한 것을 기억해내는 일은 매우 의미 있는 일이 아닐 수 없다.

삶이 힘들어질 때는 자신에게 뭐가 잘되고 있었는지를 기억해내기가 쉽지 않다. 사람들과의 관계가 깨질 수 있고 정신 건강에도 적신호가 들어온다. 그뿐만 아니라 그동안 근근이 버티면서 살아온 인생의 관점마저 사방으로 흩어져버린다. 갑자기 앞이 캄캄해지고 모든 소망이 사라지는 듯하다.

그런데 그거 아는가? 이렇게 암담할 때일지라도 아무렇게나 휘갈겨 쓴 것일지언정 어딘가에 그래도 뭔가 긍정이나 작은 감사를 기억한 일이 있다면 그는 어렵지 않게 회복할 수 있다는 사실을 말이다.

누구에게나 삶은 쉽지 않다. 사람 사는 일이 항상 계획했던 대로만 될 수는 없다. 그래서 때로는 우연찮게 깊은 실망의 시간도 갖게 될 것이다. 때로는 에너지가 다 빠져나가 마치 몸 안에 아무것도 남은 것 같지 않은 때도 있을 것이다. 그렇지만 힘든 삶이어도 여전히 우리에게는 정말 귀한 것들이 많이 남아 있음을 기억해야 한다. 삶의 가장 캄캄한 순간에도 뭔가 감사할 건 어디엔가 있기 마련이기 때문이다.

이런 때일지라도 생각을 바꿔 감사함을 기억하여 적어보는 일은 우리 자신의 상태가 더 악화되지 않도록 지켜줄 수가 있다. 쉽지 않은 일이지만 여전히 우리에게는 감사할 만한 것들이 남아 있기 때문에 기억만 할 수만 있다면 회복은 얼마든지 가능하다. 그래서 감사함은 염려와 걱정을 하는 사람들이나 낙담에 빠진 사람들 그리고 힘든 시기를 지나가는 사람들이 빠져나올 수 있도록 힘을 다시 공급하는 원천이 되어준다.

감사 리스트를 적어나가다 보면 우리가 어떠한 것에 집중하고 있는지도 잘 깨달을 수가 있다. 사람들은 늘 돈이나 성공을 꿈꾸지만, 그에 대한 성취는 잘 나타나지 않는다. 이런 때에 차분하게 자신을 돌아보면서 인생의 방향에 대해서 살펴보는 것은 분명 의미가 있을 것이다.

자신이 어떤 것에 감사해하면서 사는지 생각하다 보면 자신이 진정으로 원하거나 바라는 것도 알 수 있게 된다. 자세히 살펴보면 정말 원하는 것보다는 부수적인 것들이 진짜 바라는 것인 줄 알고 내내 혼동하며 좇았음을 알 수 있다. 예를 들어본다면 자신이 원하는 것이 돈인 줄 알았는데 사실은 그게 아니고 일에서 벗어나 쉬어보는 것임을 알게 되는 것이다.

이런 과정에서 지금껏 이루어지지 않았던 헛된 목표들이 아닌, 진짜 인생의 꿈의 성취를 이룰 수 있는 방법을 찾게 되기도 한다.

감사 리스트의 역할

사람들은 정신 건강이 약해지면 희망을 포기한다. 이런 사람들에게도 감사 리스트를 작성하다 보면 희망이 회복될 수 있다. 사랑하는 사람을 잃어 마음이 공허할 때도 많은 좋은 친구들이 여전히 자신의 옆에 자리를 지키고 있음을 기억하게 해주는 것도 감사다. 설사 인생의 가장 깊은 바닥을 쳤을 때일지라도 아직 기대고 올라갈 무엇인가가 있음을 깨닫게 해주는 것이다.

사람의 마음은 의외로 강하다. 정말 부정적이거나 서글픈 환경 중에도 자신의 내부에서 어떤 긍정적인 것이나 감사를 기억할 수만 있으면 사람은 얼마든지 다시 행복해질 수 있다.

감사 리스트를 쓰는 것은 사람들에게 아래쪽의 것들보다는 위에 속한 것들에 집중하도록 하는 역할을 한다. 사람이라면 누구나 삶의 도전이나 장애에 부딪힐 수밖에 없지만, 우리에게 여전히 남아 있는 좋은 것들을 기억할 수만 있다면 인생의 짐이나 스트레스에서 보다 수월하게 벗어날 수가 있다.

물론 어떤 것들은 떨쳐버리기가 정말 쉽지 않을 것이다. 그러나 심호흡을 하고 생각을 되돌려 감사함을 기억하는 노력은 문제의 해결에 큰 도움을 준다. 이 리스트는 사람들에게 계속 감사를 잊지 않도록 돕는 한편, 이미 소유하고 있는 것들을 진짜로 누릴 수 있도록 도와준다. 건강한 다리로 챔피언처럼 달리거나, 멋진 입술로 근사한 휘파람이나 황홀한 스마일도 날릴 수 있음을 깨닫게 하는 것도 감사함에서 나올 수 있다.

사랑하는 가족이 있다면 그들과 더 많은 행복한 시간을 보내는 것도 귀한 일이다. 좋은 친구들과 만나 향기로운 차를 나눠 마시거나 또 함께 여행을 다니는 것도 멋지지 않을까? 아무리 삶에 힘든 일이 있더라도 힘들다고 우리가 당연히 누릴 즐거움들을 멀리할 필요는 없을 것이다.

감사를 연습하는 것은 우리의 인생의 게임에 중요한 전환점이 되기도 한다. 이는 우리의 정신 건강을 지켜줄 뿐 아니라 사람들과의 관계를 개선하게 해주는 것과 같은 귀한 일들을 할 수 있도록 우리를 지켜준다.

그렇게 감사는 매일의 삶에서 작아도 즐거운 일들을 깨닫도록 해준다. 스토어의 입구에서 누군가 당신을 위해 문을 잡고 기다려 준다거나, 누군가 지나가는 말로 오늘 하루 잘 보내라고 하면서 큰 미소를 보내준다든지 아니면 틈틈이 받는 기분 좋은 칭찬의 이메일들, 그리고 아침에 산책 나가면서 만나는 시원한 바람이나 기분이 좋은 햇빛 등과 같은 소소하면서도 비교할 수 없는 행복을 누릴 수 있도록 해줄 것이다.

사람이 감사하는 일은 그리 어려운 일이 아니다. 단지 연습이 조금 필요할 뿐이다. 조금이라도 감사를 해야 하겠다고 마음을 먹고 집중을 한다면 얼마든지 감사할 것들이 나타남을 깨닫게 될 것이다.

우리가 일상적으로 말하는 '감사합니다'라는 표현을 관찰하는 것은 좋은 방법이다. 그런 것이 혹시 습관적이지는 않은지, 또는 바쁜 상태에서 그냥 지나가는 말로 하는 건 아닌지 등을 살펴보는 것이다. 또 그 말을 할 때의 나 자신의 감정을 바라볼 수도 있다. 혹시 긴장이나 짜증이 담기지는 않았는지 또는 정신이 다른 데 팔려 있지는 않은지….

하루 동안에 진심으로 감사를 표현하고 싶었던 때의 자신의 모습을 돌아보는 것이다. 왜 유독 그러했는지를 감사 리스트에 적어보는 일은 큰 도움이 될 것이다.

절망으로 인해 도무지 감사할 게 없어 보이던 때에도 누군가는 하루에 백 가지씩 감사 제목을 백 일 동안이나 찾아 쓸 수 있었다면 이는 누구에게나 충분한 감사의 내용이 있음을 의미한다. 당면한 문제만 바라보기보다는 감사를 먼저 찾아나가는 것은 진정한 행복으로 접근하고 있음을 나타낸다.

지금이라도 자신의 감사 거리를 확인해보기를 권한다. 힘들면 힘들수록 그 목록에 집중해보기를 권한다.

03

감사는 표현이다

감사의 표현

프랑스의 철학자 자끄 마리땡은 "감사는 예의의 가장 아름다운 형태다."라고 말했다. 누군가에게 감사를 표시하는 일은 본질적으로 상당한 의미가 있다. 감사를 표한다는 것은 무슨 의미가 있을까?

사랑과 더불어 감사는 아주 강한 에너지를 갖고 있다. 감사를 하게 되면 우리의 삶에 에너지를 고양시켜 같은 파장에 있는 것들을 끌어다 놓는다. 그렇게 감사는 우리를 일깨우고 또 삶을 변화시켜준다. 표현된 감사는 일에 관계된 모두에게 큰 축복으로 다가오게 만든다.

누군가에게 그가 해준 일에 대해 감사를 표시하게 되면 상대는 자기가 행한 일이 감사를 받을 만한 일이었음을 깨닫게 된다. 그 일로 인해 감사를 받는 측이나 하는 사람 모두에게 아주 긍정적인 에너지가 흐르게 된다.

다른 사람에게 마지막으로 감사하기 위한 시간을 가졌던 게 언제였을까? 사람들이 감사의 편지를 쓰게 되면 상당히 행복해진다는 통계가 있다. 그렇지만 사람들은 누군가에게 감사의 편지를 쓰고 싶으면서도 실제로 잘 이행하지를 못한다. 그 가장 큰 이유는 그 글이 상대에게 전달되었을 때 어떻게 받아들여질지 몰라서이기 때문이라고 한다.

그러나 리서치에 의하면, 감사를 받는 사람들은 표현된 감사의 형식보다는 그 내용의 따뜻함이나 진솔함에 더 긍정적인 반응을 보인다. 비록 쓰는 사람은 멋쩍을는지 모르지만 받는 사람은 그런 것과는 전혀 상관이 없이 좋은 기분을 갖는 것이다. 그래서 사람이 살아가면서 감사를 표현하고 나누는 것은 그 크기에 상관없이 많은 의미를 나누어 갖는 일이 된다.

감사는 얼마든지 연습하여 키울 수 있는 기술이다. 처음에는 어설프더라도 자주 감사를 하게 되면 사람의 뇌는 다르게 받아들여 생각하기 시작한다고 한다. 비록 이전에는 자신의 주변에서 불평거리가 주로 보였더라도 감사를 의식적으로 생각하고 표현하기 시작하면 뇌는 초점의 대상을 바꾸게 되는 것이다.

감사는 자신이 아직 갖고 있지 못한 것에 대한 실망감으로부터, 이미 소유하여 누리고 있는 것과 같은 만족감으로 초점의 대상을 변하게 만든다. 매일 감사를 표현하고 연습하는 일은 바로 그처럼 초점을 맞추는 작업이다.

필자는 하루에 일정 수 이상의 감사를 표현하는 걸 목표로 하고 있다. 당연히 업무 중에 대하는 사람들에게 감사하다는 표현을 하려고 노력하고 있다. 요즈음은 작가로 책을 쓰게 되면서부터는 페이스북의 친구들이나 인스타그램의 팔로워들이 부쩍 늘어나게 되었다. 이 일로 온라인으로 하는 감사 연습을 꽤 많이 하게 되었다.

이전에 친구의 수가 별로 많지 않았을 때는 내가 올리는 포스팅에 대한 반응이나 댓글에도 일일이 답을 못 하는 경우가 많았다. 그러나 최근 친구가 많아지고 댓글이 꽤 많이 달려도 모두에게 감사하다거나 고맙다는 댓글을 다는 걸 습관처럼 이행하고 있다.

혹자는 내가 그렇게 일일이 답을 달며 감사하는 모습을 보고 꽤 긍정적인 피드백을 보내주기도 한다. 사실 이 방법은 누구에게 좋은 평을 들으려는 것보다는 나 자신의 하루에 정해진 감사를 표하자는 약속의 실행이다. 덕분에 계속 친구 요청도 들어오고 독자도 늘어나고 있다.

돈이 들지 않으면서도 감사만큼 사람의 삶을 쉽게 바꿔주는 건 없는 것 같다. 이것은 사람이 사는 모습의 전적인 전환이다. 감사는 다른 사람들을 볼 때, 그들의 단점이 아닌 장점에 집중하게 한다. 그런 전환은 우리의 사는 삶도 달라지게 만들 수밖에 없다.

당장 누군가에게 감사를 표현해보자. 그 형식은 아무래도 상관이 없다. 너무 잘 보이려 하거나 완벽하게 하려고 할 필요도 없다. 그저 '감사합니다. 최고세요.'라는 한마디면 아무 말도 하지 않는 것보다 훨씬 다른 창조의 효과가 나타날 것이다. 진실로 감사하는 사람은 행복할 수밖에 없다. 감사하지 못하는 사람이 행복할 수는 없을 것이다.

감사 표현을 좀 더 잘하려면

누군가에게 감사가 느껴진다면 미루지 말고 즉시 하는 게 좋다. 당연히 누군가가 선한 의도로 나에게 친절을 베풀었는데도 아무런 반응을 하지 않는다면 상대는 오히려 봉사를 베풀고도 피해자처럼 느낄 수도 있다.

상대방이 나에게 무슨 말이나 의사 표현을 할 때는 주의 깊게 듣는 게 필요하다. 요즘처럼 현대화로 단절된 사회에 사는 우리에게는 잘 듣고 이해하는 게 특히 중요하다. 제대로 들어주는 것이 상대에 대한 가장 큰 배려가 되는 것이다.

특히 요즘과 같이 이메일이나 SNS 소통이 많을 때는 상대의 글을 주의 깊게 읽어주는 것은 중요한 배려가 된다. 전혀 읽지도 않고 그냥 댓글을 다는 일은 어떤 감사도 진실한 것으로 읽히지 않는 법이다.

차분히 읽고 들으면서 그들이 나눠주는 그들의 이야기에 공감하고 감사를 표시하는 것은 정말 고마운 일이다. 이런 노력으로 인해 서로의 관계를 더욱 밝게 만든다. 당신에게 좋은 의도로 다가오는 사람들에게 그게 누구든 상관없이 감사를 나타내는 것은 정말 의미 있는 일이다.

감사를 나타내는 방법은 거창한 말이 필요 없다. 그저 따뜻한 마음으로 하는 '감사합니다'라는 한마디면 충분하다. 그럼으로써 누군가에게 격려가 된다는 것은 참으로 귀한 일이다. 감사를 표현하는 순간 다른 누군가에게는 크나큰 긍정의 에너지가 되어주기 때문이다.

바람직한 감사의 태도는 주어진 일에 대한 반응으로서의 감사보다는, 삶의 진솔한 자세에서 나오는 습관과 같은 자연스러운 감사의 태도가 바람직하다. 이런 감사는 우리에게 부정적인 시선을 긍정적인 것으로 전환함으로써 삶의 관점을 바꿔준다.

작은 일에서부터 큰일까지 우리의 일상을 살펴보면서 진정 감사하게 여길 수 있는 것들을 찾아 표현하는 일은 얼마든지 연습해볼 수가 있다. 명상하거나 노트에 기록하다 보면 늘어나는 감사 제목의 수에 놀라게 될 것이다.

아침에 기상해서, 또는 잠자리에 들면서 하루의 감사 제목들을 되돌아보는 것만큼 복된 일은 없을 것이다. 이런 태도는 뜻하지 않은 사람들이나 일들을 우리의 삶에 계속 불러오게 되기도 한다. 나 자신이 누리는 행복을 인식하고 그에 감사하며 또 자신이 얼마나 축복으로 가득한 인생인지 아는 일은 정말 소중하지 않을 수 없다.

"감사하다고 느끼면서 표현하지 않는 것은 마치 선물을 포장해놓고 주지 않는 것과 같다."
 - 윌러엄 아더 와드

04

나 자신에 먼저 감사하라

왜 나에 대한 감사가 우선인가?

우리가 감사를 표할 수 있는 대상은 다양하다. 먼저 나에게 도움을 준 사람들이 있다. 그런가 하면 자신이 소유해 누리고 있는 것들, 그리고 날마다 받는 좋은 나눔들…. 그럼에도 자신을 찾아 끊임없이 수행하는 사람들이 갖는 질문 중 하나는 왜 감사를 나 자신으로부터 출발할 수 없을까 하는 점이다. 모든 것들 가운데 진짜 행복은 나 자신의 가치를 알아주는 것으로부터 시작되는 것인데도 말이다.

보통의 경우 사람들은 자신의 가치를 잘 모른다. 자신이 얼마나 중요한 존재인지를 잘 깨닫지 못하고 있는 것이다. 유명한 『시크릿』의 저자 론다 번은 이렇게 말한다. "자신을 먼저 다 채우기 전에는 남에게 나누어 줄 것이 없을 것입니다."

자신을 감사의 대상으로 바라보는 시각은 진정한 감사를 향한 변화의 중심이 되는 사건이다. 이런 관점의 변화는 바로 나의 실체를 확인하는 과정이고 비로소 나를 나로 인정하는 것이기 때문이다.

비록 적을지라도 일상에서 자신이 잘한 점을 자주 찾아내어 인정하고 스스로에게 감사를 표시하는 건 정말 의미 있는 일이다. 지금까지는 남이 해주는 인정이 필요했었더라도 이렇게 자신을 스스로 알아주게 된다면 더 이상 세상의 인정에 목을 매다는 일은 필요 없게 된다. 남에게 보여주기 위한 성공을 추구하는 것이 아닌, 자신의 만족감에 더 큰 가치를 둘 수 있기 때문이다.

지금껏 교회 생활을 하면서 한때 가진 질문 중의 하나가 같은 교회의 교인들끼리 왜 그리 심각한 관계의 문제가 종종 생길까 하는 점이었다.

시편 23편에는 "내 잔이 넘치나이다." 하는 구절이 있다. 이 구절은 위 질문에 대한 대답으로 의미 있는 메시지를 내게 던져주었다.

사람들 마음의 잔이 진정 하나님의 영으로 채워졌다면 더는 다른 사람들과의 문제는 아무 것도 없을 것이다. 자신에게 차고 넘치는 사랑이 남들에게까지 흘러갈 수만 있다면 약한 사람의 본 모습은 세상에 드러나지는 않을 것이기 때문이다. 그렇지만 많은 이들의 심령이 그렇지 못하다. 그래서 그들은 그 공허함을 뭔가 다른 걸로 채우려 하는 것이다. 결국은 인간적인 것들로 채우려는 시도만 남게 된다. 인간적인 방법으로 인정받으려는 마음은 사람들과의 관계에서 수많은 갈등만 남길 뿐이다.

따라서 위에 론다 번이 말한 내용은 많은 점을 시사한다. 자신에게 감사하지 못한다면 남에게 나눠줄 감사는 남아 있지 않을 것이다. 결국 내 안에서 스스로에 대한 감사가 가장 먼저 충만함으로써 그 후에야 자연스럽게 나타나게 될 것이기 때문이다.

자신에게 먼저 감사하는 일은 바로 자신을 우선으로 챙겨주는 일이다. 이 일은 연습으로도 얼마든지 성장시킬 수가 있다. 스스로의 마음을 자주 살펴 그 상태를 적어봄으로써 개선할 수 있다. 이런 노력으로 다른 사람이 아닌 바로 자신에게 초점을 집중해보는 것이다. 그 과정에서 자신은 점점 안정을 찾게 되고 스스로의 만족함도 느끼게 될 것이다.

필자는 나 자신에게 별칭을 붙여 대화를 나누곤 한다. 타인에게 말하듯 자신에게 말도 걸어보고 또 칭찬이나 인정도 해준다. 차를 타고 이동하는 출퇴근 시간이나 여타의 홀로 있는 시간은 이런 시도를 위한 정말 좋은 기회가 된다. 주위에 신경을 쓰지 않고 얼마든지 큰 소리로 이야기해줄 수가 있기 때문이다. 이런 때 느껴지는 뿌듯한 느낌은 이루 말할 수가 없다.

"댄, 정말 잘했어. 고마워!"

이런 자기와의 긍정적인 대화는 동기 부여에도 큰 효과가 있다고 한다. 내가 얼마나 가치 있는 사람인지 자신에게 알려줌으로써, 남이 하는 험담으로 인해 속상할 필요도 없게 된다. 이미 내 안에 충만해진 감사로 부정적인 외부의 반응이 별로 영향을 미치지 않게 되기 때문이다.

자신에게 감사할 만한 것이 있다면 그 내용을 적어 별도의 상자나 그

룻에 넣어 보관해도 좋을 것이다. 후에 만약 힘든 일이 있거나 낙망스런 마음이 들 때, 그때 꺼내 읽으면 다시 자신의 가치를 살펴보고 감사를 회복하는 중요한 기회가 된다.

진정으로 자신을 알아주는 법

무엇이든 자신이 원하는 것을 이루기 위해 해보는 여러 가지 방법 중에서 가장 손쉽게 해볼 수 있는 것은 역시 감사하기다. 내 안에서 감사를 깨닫게 되면, 위에서 언급한 바와 같이, 자신에게 부족한 점들이나 불평이나 문제를 바라보던 시각이 전혀 다른 방향으로 관점의 전환이 일어나게 된다. 사고방식이 긍정적인 방향으로 바뀌기 시작하기 때문이다.

어느 동료와의 이야기 중에 한 차례 더 높은 실적을 올리는 도전을 해보도록 권한 적이 있다. 그는 내가 보기에 분명히 더 큰 성취를 이룰 수 있는 인재였다. 그런데 그는 겸손함으로 극구 자신은 그런 사람이 못 된다고 사양을 했다. 아예 그런 기대는 접어달라는 부탁을 해왔다. 나는 알고 있었다. 그가 왜 그런 대답을 하는지. 모난 돌이 정 맞는다고 자신을 드러내다 보면 공연히 다른 사람들에게 말꼬리 잡힐까 싫었던 것이다.

그런데 진짜 문제는 그런 소극적인 대답을 하게 되면 상대방인 나만 듣는 게 아니라 가장 중요한 자신도 함께 듣는다는 사실이다. 좀 더 정확히 말하면 자신의 무의식이 그 말을 듣는 것이다. 무의식은 판단 능력이 없어 어떤 정보를 받게 되면 그대로 실행한다. 우주의 큰 능력을 갖춘 자신의 잠재 능력은 '할 수 없음'이란 정보를 받아 즉시 실행하기 시작하는 것이다.

그에게 이런 사실을 이야기해줬다. 자신에게 아무런 영향을 끼칠 수 없는 남들보다는 진정 본인에게 더 충실하게 되기를 바라는 마음이었다. 몇 번인가 그런 과정을 거친 후 그는 더는 그런 식으로 부인하지는 않는다. 난 이미 그에게 해낼 수 있는 능력을 관찰했었다. 누구보다도 큰일을 해낼 수 있는 그의 능력도 잘 알고 있다. 모든 사람이 그런 능력을 갖추고 있는 건 아니다. 그는 조만간 나의 기대를 뛰어넘을 것이다.

세상의 기준대로 살아온 사람들에게는 자신의 기준대로 삶의 방향을 찾는 일이 전혀 쉽지 않다. 그래서 혹 일이 잘못되어 낭패를 보게 되면 자신을 향하여 비난하기보다 먼저 내 '생각'으로 인해 삶이 방해받은 것은 아닌지 확인하여야 한다.

어떤 경우에도 긍정적인 느낌을 회복하도록 하는 게 필요하다. 자신이 느끼는 감정을 통해 잠재의식은 모든 정보를 전달받기 때문에 아무리 말을 그럴듯하게 하더라도 감정이 거짓이면 소용이 없다. 솔직하게 감정적으로 인정하는 게 더 좋은 길로 가는 방법이 된다.

이런 상한 감정에 대한 치유 방편으로 감사는 가장 좋다. 남에게서 받는 형식적 감사보다는 자신이 스스로에게 해주는 감사야말로 천하를 얻는 만큼이나 의미 있는 일이 된다. 다른 무엇보다 자신의 가치를 인정하는 것이 진정한 나다움의 길이다.

매일의 마지막 시간을 자신에 대한 감사로 맺는 일은 진정으로 가치 있는 일이다.

05

감사의 에너지를 활용하라

감사라는 에너지의 힘

사람에게는 다양한 에너지가 함께한다. 사람의 감정도 역시 에너지를 가지고 있다. 우리의 마음속에 있는 생각에도 에너지가 있다. 그뿐 아니라 세상의 모든 만물에는 각기 고유한 에너지가 있다. 그리고 이런 에너지는 파동으로 전달된다. 감정은 본인 자신에게 영향을 미칠 뿐 아니라 파동으로 주위 사람들에게까지 영향을 미치게 된다.

감사도 에너지이다. 감사도 파동으로 인해 힘을 전달한다. 누군가에게 감사를 하게 되면 더 큰 감사를 불러오게 되는 것도 바로 그런 이유에서다. 자신을 소중히 여기면 자신에 대한 감사가 나오고, 다른 사람을 인정하는 마음을 가지게 된다면 그에 대한 감사가 나온다. 자신의 환경에 대하여도 감사를 하게 되면 삶에 대한 진정한 행복을 누릴 수 있게 된다. '이스털린 역설(Easterlin Paradox)'이라는 것이 있다. 이는 소득이 어느 정도의 수준을 지나면 아무리 소득이 많아져도 행복도는 더 높아지지 않는다는 이론이다. 사실상 모든 사람이 물질적 풍요를 바라지만 거기에는 분명한 한계가 있다는 것이다. 그러나 감사는 이런 사람들에게조차도 물질적 풍요의 한계를 뛰어넘게 한다.

행복 연구의 선구자인 미국 일리노이 주립 대학교의 에드 디너(Ed Diener)교수가 매년 행하는 '국가 행복도' 조사에 의하면 세계에서 행복도가 가장 높은 나라는 덴마크라고 한다. 따지고 보면 덴마크는 역사적으로 매우 불우한 나라다. 수많은 전쟁으로 국토가 아주 작은 규모로 줄어들었고 경제 규모도 유럽연합 GDP의 2%도 되지 않는다. 그들이 처한 자연환경의 날씨도 우울하기 그지없다.

그런데도 덴마크가 늘 1위를 차지하는 것은 바로 주어진 것에 감사하는 마음 때문이라고 한다. 상당수의 덴마크인이 가장 행복을 느끼는 때는 특별한 날이 아닌, '오늘 아침'이나 '어제저녁'이라고 답을 한다. 그냥 현재 주어진 생활 자체가 그들에게는 가장 행복하다는 의미일 것이다. 그들이 주어진 환경에 그저 감사하고 그것으로 행복한 국민이 되는 길을 걷기로 선택하고 결국 나라를 변화시켜온 노력의 결과다. 결국 경제적 조건보다는 정신적 풍요로움이 가져다주는 만족감으로 행복을 만들어가는 것이다. 이때 작용하는 감사의 힘은 한계가 없다. 매일매일 활력을 주고 사소한 것으로도 충분한 에너지가 공급될 수 있기 때문이다. 그래서 감사는 주어진 상황에 대하여 끊임없는 긍정을 도출해내고 그런 긍정으로 현실을 밝게 바꿔나가는 힘이다. 설사 무슨 일이 생긴다 하더라도 감사를 기억하게 된다면 상황은 확연히 달라질 수가 있다. 이런 현상은 사람뿐만 아니라 생산 현장이나 물리적인 것에도 에너지가 영향을 미친다. 인간의 감정이 기계나 물건 등에도 충분히 영향을 미칠 수 있다는 사실이다.

'감사 나눔 미디어'에 실린 이병구 네패스 회장의 글에 흥미로운 이야기가 소개되어 있다. '일본의 워렌 버핏'이라고 불리는 다케다 제과의

CEO인 다케다 와헤이는 무려 103개의 상장회사의 대주주이다. 그가 그렇게 성공할 수 있었던 가장 큰 이유는 바로 '감사'라고 한다. 그가 감사에 초점을 맞추게 된 이유는 어떤 실험 결과 하나를 접하게 된 데에 있다고 한다. 사람의 호흡에 숨겨진 비밀을 밝히는 어느 실험에서 그는 놀라운 사실을 접하게 되었는데 화를 내는 사람의 호흡과 감사하는 마음을 가진 사람의 호흡을 각각 모아 그 안에 모기를 풀어놓고 관찰하는 실험이었다.

그 실험 결과에 의하면 사람의 호흡 중에 화가 가득한 공기를 넣은 모기는 얼마 가지 않아 질식해 죽어버렸고, 감사하는 마음이 담긴 공기 속에 들어 있던 모기는 여전히 활기찬 모습을 관찰할 수 있었다. 이 모습을 본 다케다 회장은 회사의 제조 현장을 떠올렸다고 한다. 과자라는 것은 사람이 직접 먹는 음식인데 만약 이 소중한 음식을 만드는 사람들이 잔뜩 화난 상태라면 어떨까 하는 질문이 떠올랐던 것이다. 과자를 만드는 직원들 가운데 화가 난 사람의 호흡이 공기 중으로 전파된다면 그들이 만드는 제품에도 당연히 영향이 있을 것이기 때문이었다.

그는 '타마 고보로'라는 계란 과자를 만들기 시작하면서 직원들에게 하루에 수없이 "감사합니다!"를 복창하게 했다고 한다. 처음에는 감사할 일도 없는 사람들이 "감사합니다!"를 외치려니 얼마나 힘들었을까?그런데 반복해서 그 말을 하던 직원들의 마음이 변하기 시작했다. 진심으로 자신의 모습에 대한 감사의 마음이 생기기 시작했고 계란 과자를 만드는 제조 현장은 함께 웃음으로 가득하게 되었다. 이 일로 인해 이 과자는 굉장한 매출을 기록하게 되었고 큰 성공을 거둘 수 있었다고 한다.

일상의 감사 에너지를 위한 연습

감사의 느낌은 우리의 삶 위에 뿌려지는 매직과 같다. 더 많이 감사할수록 그것은 우리가 기대하고 있는 것들을 끌어들이게 된다. 감사는 우리의 마음은 활짝 열게 하고 모든 존재를 내부로 받아들이게 된다. 우리가 감사로 받아들이는 것은 우리의 주변에 정체되어 가라앉는 게 아니라 순환하면서 우리의 생각이나 감정 그리고 환경의 에너지와 파동을 자유로이 내보내는 것이다.

다음과 같이 하루를 시작하는 습관을 갖는다면 분명히 크나큰 긍정적 변화를 체험하게 될 것이다.

1. 의도적으로 매일 감사로 하루를 시작한다.

2. 하루를 마감하면서 자신이 감사한 것들을 기록한다.

3. 현재의 순간에 주의를 기울여 집중한다.

4. 되도록 우울한 것들은 떨쳐내고 감사가 자신의 안에 머물도록 한다.

5. 타인에게 무언가를 해줄 때는 애정을 담아 행한다.

6. 모든 것에 감사한다. 설사 감사가 어려운 경우라도 장차의 삶에 어떻게 변형되어 나타날지 아직 알 수가 없으므로 감사하도록 노력한다.

단순히 자신이나 주위에 있는 사람에게 '감사합니다'라는 말을 함으로써 자신이 변화하는 모습도 역시 관찰할 수 있게 될 것이다. 만트라처럼 단순히 이 말을 반복하는 것조차도 결국 자신의 참된 모습으로 찾아가는 일이 될 것이다. 설사 자신이 가라앉아 있을 때라도 감사하는 말은 매직처럼 우리의 삶을 아름답게 만들게 될 것이다.

우리 모두 그런 긍정의 에너지 안에서 변화되는 멋진 모습들을 볼 수 있기를 소망한다.

06

감사할 게 없으면 자신의 잘못을 살펴라

감사함이 느껴지지 않을 때

이 글을 쓰던 전날 저녁, 나는 문자 한 통을 받았다. 그 문자에는 보낸 사람의 업무상 불평이 담겨 있었다. 자기 일에 관해 설명하면서 누군가가 자기 일에 방해되었음을 내게 알려 차후 그런 불편함이 시정되기를 요구하는 내용이었다. 그의 말은 충분히 일리가 있었다. 그 누군가는 분명히 정해진 규칙을 따르지 않음으로써 그의 일에 지장을 준 것이 충분히 이해되었다.

그러나 나는 그 내용을 접하면서 마음이 급격히 불편해졌다. 그래서 그의 문자를 보자마자 전체 공지를 올려 즉시 다시는 그런 일들이 재발하지 않기를 당부했다. 아마도 나는 이런 문제를 오래 끌기보다는 좀 성급해보여도 즉시 해결하는 게 전체를 위해 더 나을 거라는 생각이 들었던 것 같았다.

문제가 된 그 누군가는 그 공지를 받고는 즉시 내게 연락을 취해왔다. 본의 아니게 그런 일이 일어났음을 인정하고 차후 좀 더 조심하겠노라는 내용을 개인적으로 보내왔다. 그러나 나로서는 그가 그런 약속을 했어도 이미 전부터 반복적인 일이 있었던 관계로 조금은 강한 톤으로 시정을 재차 부탁했다.

이 일로 아침이 되어서까지도 불편함이 내게서 사라지지 않았다. 아침마다 약 3마일 정도 걸으면서 하루의 긍정에 관한 생각이나 감사의 만트라를 하는 게 나의 일상인데 그날은 마음 불편한 게 영 가시지를 않았다.

걸으면서 왜 그런 마음이 나를 계속 지배하는지를 생각했다. 먼저 나의 반응했던 방법이 마음에 떠올랐다. 문자를 접하자마자, 당시 하고 있던 일로 인한 긴장감에서였는지 즉시 내 생각대로 짐작해버리고 전체에게 공지해버린 일이 마음에 걸렸다.

또 내게 불평을 알려온 사람의 입장을 고려하지 않았음도 마음에 걸렸다. 그는 그런 사실을 알려 시정을 당부하더라도 원인이 된 그 누군가와의 관계가 불편해지는 걸 피하고 싶었겠지만, 나의 즉각적인 공지로 인해 그는 여지없이 노출되어버린 셈이다.

그리고 그 일에 아무런 관련 없는 사람들에게까지 전체 공지로 인해 혹 자신 때문인지 모른다는 불필요한 생각들을 하게 만들고 말았다. 어느 개인 때문에 여러 사람에게 폐를 끼친 셈이 되었다. 실제로 그 공지로 인해 몇몇이 연락을 해와 양해를 구하는 일이 발생했다.

평상시 같으면 그런 즉각적인 반응을 많이 자제했을 것이다. 다음 날 출근해서 전후 사정을 좀 더 들어보고 당사자들의 입장을 고려해 서로 오해가 없도록 조처했을 것이다. 그런데 이번에는 반응이 너무 빨랐다. 나는 어떤 일에도 즉각 반응하는 걸 자제하는 주의였는데 어이없게도 이번에는 그렇게 일 처리를 해버리고 만 것이다.

내가 즐겨 읽는 네빌 고다드의 저서 『리액트』에는 이런 글이 실려 있다.

"비판하거나 반응하지 말고 있는 그대로를 관찰하십시오. 판단하려고 한다면 자동적으로 당신이 행한 반응을 정당화하려 하면서, 관찰하려는 대상과 하나로 묶이게 됩니다."

너무나 정확한 표현이 아닌가? 나는 정확하게 바로 이런 잘못을 범하고 말았다. 그래서 일단 나는 이 모든 일에 지나치게 성급했던 처리를 인정하는 수밖에 없었다. 내 안에는 이런 실수를 범한 자신에 대한 자책이 남아 있었고 그 때문에 평소와 달리 감사의 내용이 전혀 떠오르지 않았다. 그저 마음이 답답했다.

아침에 사무실로 출근한 나는 정확하게 나의 성급한 반응에 관한 결과를 겸허히 받아들였다. 그리고 다행히 동료들의 이해로 문제가 잘 해결되어 더 좋은 방향으로 마무리되었다.

나를 돌아보는 자세

위의 예에서 일단 문제는 잘 마무리되었지만, 문제는 나 자신이었다. 나의 평안함이 깨지게 되었고 따라서 감사를 잠시나마 유지하는 게 어렵게 되는 경험을 하게 된 것이다. 어떤 일을 할 때, 내가 원하는 대로 되지 않거나, 그 반대의 경우 내가 원하는 대로 될 때도 그 모두가 나를 위한 훈련의 시간이다. 내가 원하는 대로 되지 않을 때는 내가 진정 원하는 것이 무엇인지를 살펴야 하는 것이다.

많은 경우 내가 원하지 않는 일이 일어난다고 해서 사람의 삶이 즉각 크게 바뀌는 일은 많지 않다. 그러므로 일단 나 자신이 진정 원하는 것이 무엇인지 가능한 한 정확히 파악할 필요가 있다. 혹시 나의 상태가 어떤 압박으로 인해 낙담하고 있지 않은지 살펴보는 것이 필요할 수 있다. 사실, 설사 일이 내가 원하는 대로 되지 않는다고 해서 낙담할 필요는 전혀 없다.

아마도 우리는 항상 자신에 대해 무언가 스스로 해결하고 싶은 사항들이 있을 것이다. 그리고 종종 이런 자신의 문제들을 해결함으로써 우리 내면을 바르게 풀어나갈 수 있다고 생각한다. 그렇지만 우리가 짐작하는 대로 정말 이런 문제들이 존재한다면, 더 중요한 것은 그 문제의 크기를 줄이는 것보다 정작 그 뒤에 있는 이유를 먼저 확인해 정리하는 일이다.

그렇게 함으로써 그러한 진짜 이유가 사라지게 된다면, 그간 자신을 괴롭혀 오던 판단의 잣대도 무의미해지게 된다. 따라서 더는 자신을 스스로 비판하거나 자책하지 않아도 될 것이다. 그러면 타인이나 세상을 원망할 이유조차도 없어지게 될 것이다. 이로써 우리 내면과 바깥과의 갈등은 사라지게 되기 때문이다.

위 필자의 경험에서와 같이 어떤 옳고 그름에 대해 성급한 기준을 가지고 사건에 접근하게 된다면, 우리는 바른 일을 선택해서 해야 한다는 심리적 압박으로 마음은 자유를 잃는 일이 생기게 된다. 그럴 경우, 어떤 작은 문제만 나타나도 마음은 한없이 불편해지고 그동안 품어왔던 감사는 순식간에 자취를 감춰버리고 만다.

그러므로 옳고 그름이라는 판단의 기준을 우리의 마음에서 사라지게 할 수만 있다면, 감사의 마음을 억누르는 압박을 받을 필요 없이 그냥 자연스럽게 흘려보내게 될 것이다. 그것은 우리 자신을 온전히 받아들이는 자세로 나타나게 된다.

무엇이든지 항상 바로 결정하려 한다는 부담을 내려놓는 방법은 바로 관점을 바꾸는 일이다. 어느 때든 감사가 느껴지지 않는다면 자신에게 물어봐야 한다. 그때 그것이 훈련의 기회라는 생각이 든다면 우리의 자세에 즉시 긍정적인 변화가 있게 될 것이다. 그것 역시 선택의 문제일 뿐이다.

암흑과 같은 시간 중에서도 의미 있는 삶의 결정을 내림으로써 소중한 희망을 찾아낼 수 있다. 고난 중에서도 귀중한 감사를 잃지 않는 자세를 얼마든지 가질 수 있기 때문이다.

내 인생을 바꾼 감사의 힘

07

삶을 바라보는 시각에 감사의 렌즈를 끼워라

삶의 시각을 다시 생각하기

감사의 효과에 대한 로버트 에몬스(2007)의 연구에 의하면 감사함에 대하여 생각하거나 그 제목을 열거해보기, 또는 사소한 작은 것에라도 감사하게 되면 사람의 태도는 긍정적으로 바뀌고 행복하게 만드는 효과가 있다고 했다.

우리에게 너무도 익숙하고 자연스러워서 그 존재조차 제대로 느끼지 못했던 것들의 가치를 새롭게 인식하게 만드는 것은 바로 다름 아닌 감사다. 지극히 당연하게 여겨왔던 것들을 전혀 당연하지 않은 것으로 가슴 깊이 깨닫게 하는 것이다. 그런 깨달음은 우리에게 감사로 다가오게 되는 것이다.

흔히 우리가 볼 수 있는 상식적인 상황은 불행과 고통일지 모르지만, 그 불행과 고통을 '감사의 눈'으로 재해석한다면 전혀 예상치 못한 새로운 세계가 펼쳐지게 된다. 그 세계에서는 범사에 감사하는 일이 상식이 된다. 그렇게 감사는 세상이 온전히 변화되는 인식의 전환점이며 그로써 가장 적극적이고 긍정적인 삶으로 바뀌게 된다.

이런 경우 누군가 말했듯이 "감사는 상황의 변화가 아니라 해석"이다. 감사하는 마음은 사람들에게 어떤 사실을 인식하여 해석하는 태도를 변화하게 만드는 것이다. 그럼으로써 그런 상황에 대응하는 사람들이나 세상에 대해서도 반응이 달라지게 만들어버린다.

감사의 힘은 그 바탕에 긍정이 깔려 있다. 그래서 감사를 하게 되면 본인 자신뿐 아니라 다른 사람들에게도 그 긍정적인 효력이 가장 효율적으로 빠르게 전파되는 것이다. 감사의 행위로 인해 나 자신뿐 아니라 주변 인들도 행복감을 느끼게 한다. 또 나 한 사람의 감사 시작으로 인해서 여러 사람의 행동과 태도도 같이 변하게 될 수 있다는 사실은 매우 중요하다.

한 가지 기억해야 할 점은 감사로 인한 긍정적 효과는 마냥 지속되는 것이 아니어서 자주 계속해서 반복해주는 것이 효과적임을 알아야 한다. 그래서 감사를 습관화하거나 생활화하는 것이 바람직하다는 것이다.

감사하면 감사할 일이 계속 따라오게 될 것이다. 매일 새롭게 바라보게 하는 감사라는 긍정적 관점은 우리가 집중하여야 할 것을 구분하게 할 것이다. 그리고 지금까지 잊고 보지 못하던 행운들을 깨닫게 함으로써 진정한 인생의 행복을 깨닫게 도와줄 것이다. 그럼으로써 우리 안에 마르지 않는 진정한 힘의 원천이 될 것이다.

매일의 삶에서 감사할 것들을 생각하고 찾아본다면, 우리의 삶도 불만족으로부터 긍정으로 변하게 되고, 자신이나 타인에 대한 존중이나 배려도 성장하게 될 것이다. 어렵고 힘들고 스트레스가 많은 상황이더라도 서로 나누는 감사 한마디가 세상에 주는 효과가 극대화될 것이다.

도대체 감사가 무슨 상관일까?

사람에겐 누구에게나 삶의 역경이 있기 마련이다. 누군들 그런 때가 없었을까? 부지불식간에 막상 깊은 절망의 구렁텅이에 빠지게 되면 정신을 차리기가 쉽지 않다. 왜 그런 일이 일어났는지 이해도 할 수 없고 어디 하소연할 데도 없다. 그런 상황에선 으레 사람의 마음속 밑바닥에 절망감과 더불어 인간관계에 대한 배신감이나 원망이 가득 담기기 마련이다. 아무리 둘러봐도 도움을 구할 데도 없고 도무지 그곳에서 빠져나올 수가 없을 것 같은 그때 할 수 있는 것은 무엇이 남았을까?

이미 그런 상황을 겪어본 나로서는 그때의 참담함은 이루 말할 수 없었다. 정확하게 위에 기술된 느낌 그대로가 나의 마음 그대로였다. 그런데 만약 이런 상황에서 누가 주어진 상황에 대해 감사하라고 한다면 무슨 마음이 들겠는가?

이 일은 정확하게 나에게 일어났다. 정신 나간 사람처럼 "이래서는 안 되는데, 이래서는 안 되는데…" 하며 지푸라기라도 잡아 해결책을 찾는 나에게 한결같이 감사하라는 메시지가 전해졌다. 어느 특별한 사람이 말해주는 건 아니었지만 매일 읽던 책들의 주제가 한결같이 마음 챙김 아니면 감사함에 관한 것들이었다. 당면한 문제 해결을 위해 책을 찾아도 내 눈에는 유독 그런 내용만 들어왔다.

어쨌든 한 가지 분명한 것은 일의 해결보다 더 시급한 것은 바로 나의 마음을 추스르는 일이었다. 마음 밑바닥에 깔린 수치스러운 마음이 힘들었고 그보다 배신당한 마음이 더 힘들었다. 이때 시도했던 100일의 감사 여행은 너무 엉뚱한 여행 같았지만 내 인생의 한 획을 열어주는 가르침의 시간이었다. 그렇게 배운 감사는 시간이 지나면서 나의 현실을 똑바로 볼 수 있는 힘을 주었다.

지나가면서 실패의 이전과 이후를 냉정하게 비교해보면서 왜 그 실패가 나에게 큰 이득이었는지도 정확히 알 수 있었다. 얼핏 봐서는 정말 수치스러운 실패였지만 그 일은 고질적인 문제들을 일거에 정리하는 가장 좋은 방법이었다. 아마도 그 일이 없었더라면 지금쯤 진짜 큰 문제에 봉착해 있을 게 분명한 일이었다. 그뿐 아니라 이전보다 더 안정적인 시스

템으로 구축할 수가 있어서 오히려 전화위복의 기회가 되었다.

그렇게 해서 만들어진 새 조직은 더 안정적인 재정을 만들 수 있게 되었고 더 나은 브랜딩이 되어 능력 있는 인재들을 영입할 수 있는 길이 되었다. 실제로 이전과 비교할 수 없는 최고의 인재들이 들어와 나의 큰 목표로 가는 길에 동반자가 되어주고 있다.

여기서 앞에 말한 수치스러운 실패에 관해서는 나의 새 출발로 인해 명예 회복이 이미 진즉에 이루어졌다. 나에게 등을 돌린 사람들의 면면을 보면서 그들이 선택했던 길이 잘되기를 빌어주기는 하지만 그건 이미 나와는 아무런 상관이 없는 일이 되었다. 그저 나 자신의 존재감에 대한 보상을 생각하는 것뿐이다. 내가 이전에 해왔던 방식 자체에는 아무런 문제가 없음을 확인하고 싶었던 것이다. 지금처럼 맨손으로 다시 시작해도 얼마든지 해낼 수 있다는 자신감의 확인이기도 하다.

실패로 인해 진정한 감사를 배우게 되었고 그 감사함이 어떻게 다음 단계로 이끌어가는지도 보고 있다. 작가가 되어 책들을 몇 권씩 쓰던 과정은 바로 감사로 가는 나 자신의 여정이기도 하다. 지금 여러분이 읽는 이 책 또한 감사의 그런 경험을 정리해보고 싶은 나의 마음에서 비롯된 것이기도 하다.

감사는 관점의 변화다. 자신의 욕망에 가려져 미처 보지 못하던 것을 새로이 보게 하는 것이 바로 감사의 눈이다. 감사를 통해서 보게 되는 세상이야말로 사람이 진정한 마음을 열어놓을 수 있는 곳이다. 그렇게 관점의 변화는 긍정의 렌즈로 세상을 따뜻하게 바라보게 하는 매직과 같은 힘을 갖는다.

누구든 행복으로 가는 가장 손쉬운 방법인 감사의 렌즈를 착용해보기를 추천한다.

08

말하는 습관만 바꿔도 감사가 넘친다

감사를 표현하기

누군가에게 도움을 받았다면 어떤 형태로든 감사를 표하는 건 반드시 필요한 일이다. 이런 행동은 말하는 사람이나 듣는 사람 모두에게 큰 의미가 있다. 피차에 긍정적인 좋은 경험을 공유하는 일이기도 하다. 어쩌면 감사를 말해야 하는 사람은 자존심 상한다고 생각할지 모르겠지만 꼭 그렇지는 않다. 진심이 담긴 감사를 표현하는 일이야말로 진정한 자존감의 표현이고 성숙함을 보여주는 것이기 때문이다.

보통의 경우, 사람들은 자신이 이미 갖고 누리는 것보다 미처 갖지 못한 것들에 더 생각이 빠져 있어서 현재의 형편에서 늘 부족하다고 느끼기 마련이다. 그래서 어지간한 것에는 감사하다고 느끼지를 못한다. 하지만 일상에서 보이는 작은 것들에 대해 감사함을 깨닫지 못한다면 행복은 요원한지도 모른다.

우리의 생활 가운데서도 쉽게 볼 수가 있다. 식사 시간이 되어 준비하느라 수고한 아내가 음식을 차려놓고 식구들을 식탁으로 부른다. 그러면 온 식구가 식탁에 둘러앉아 앞에 놓인 음식을 나눈다. 이때 맛있게 먹어주는 모습처럼 아내에게 반가운 건 없을 것이다. 대뜸 "아, 짜!" 하는 표현보다 "와, 너무 맛있다. 고마워요." 하는 수고를 알아주는 말 한마디는 아내에게 큰 보람이 되는 순간일 것이다.

오래전 아내가 한국을 방문하게 되어 얼마 동안 어린아이들을 혼자 돌봐야 했던 때가 있었다. 안 되는 실력으로 어렵사리 밥과 반찬을 차려 아이들을 불렀더니 고생해 준비한 아빠에게는 고맙다거나 같이 먹자는 소리 하나 없이 자기 밥만 먹는 아이들을 보고 서운했던 적이 있다. 정말 힘들게 식탁을 준비했는데 녀석들은 알아주는 말 한마디가 없었다. 차마 아이들에게 아무 말도 못 했지만, 그때껏 아내가 가졌을 기분에 대해 전혀 알지 못했음을 깨닫게 되었다.

내 어렸을 적 우리 어머니는 음식을 짜게 하시곤 했는데 난 그게 늘 불만이었다. 식사하면서 어머니에게 한 번도 고맙다는 인사를 한 적이 없는 것 같다. 오히려 투정 부리다 쫓겨나지나 않았으면 다행이었다.

이렇게 돌아보니 어릴 때부터 감사를 제대로 배운 기억이 전혀 없다. 감사하는 법을 배우면서 자랐더라면 아마도 인성이 훨씬 나아졌을 것 같다. 지금 셋이나 아이를 낳아 키우고 있는 딸과 사위는 아이들에게 철저하게 "Thank you!"라는 말을 하도록 교육하며 키우고 있다. 딸 내외가 그런 좋은 부모의 역할을 하고 있음이 대견하기 그지없다.

어떤 사소한 일에도 "감사합니다."라고 말하는 건 귀한 일이다. 때로는 단순히 "감사합니다."라는 말로는 그 표현이 충분하지 않을 수도 있다. 그래서 감사의 표현은 신중하게 선택하는 게 좋다. 받는 사람에게 말하는 사람의 성실함과 진심이 전달되어야 한다. 자신이 남에게 해준 일에 대하여 진심이 담긴 따뜻한 감사를 받을 때, 마음속에 전달되는 감동은 이루 말할 수가 없다. 이런 행위는 큰 긍정의 파장이 되어 주위를 환하게 만들어주게 되는 것이다.

언어 습관

긍정적인 말은 사람에게 귀중한 삶의 에너지가 되므로 다른 사람들에게 말할 때는 항상 격려가 되도록 말을 하는 게 좋다. 나의 말 한마디로 인하여 누군가에게 소망과 용기를 주었다면 그것은 정말 귀한 일이 아닐 수 없다. 이런 말은 비단 남이 아닌 자기 자신에게도 자주 해주는 게 효과적임을 기억해야 한다.

설사 자신의 기분이나 감정이 별로 좋지 않은 때라도 힘써 밝고 긍정적인 말을 하게 된다면 그 말의 에너지에 의해 자신도 긍정적으로 변화하게 된다. 그와 반대로 아무리 즐겁고 행복하더라도 부정적인 표현을 한다면 자신의 에너지 파동도 역시 그러한 형태로 바뀐다는 사실은 매우 흥미롭다.

우리의 말이 부정적일 때는 우리의 뇌는 코르티솔을 더 많이 분비한다고 한다. 이 코르티솔은 다름 아닌 스트레스 호르몬이다. 만약 긍정의 말을 한다면 행복 호르몬인 도파민이 더 많이 분비된다고 한다. 그렇게 말에는 사람에게 미치는 분명한 힘이 있는 것이다. 그래서 평소에 긍정적이고 좋은 말을 많이 하는 사람에게 긍정적인 에너지가 풍성하고 부정적인 말을 많이 하는 사람한테는 부정적인 에너지가 쌓여 있게 된다.

말은 말하는 사람의 인격 그 자체이다. 사상이나 품성, 그리고 교양이 그대로 실려 나타난다. 말이 잘못 쓰이는 경우를 전문가들의 표현에 의하면 '보이지 않는 칼'이라고 한다. 영국의 철학자 존 오스틴(1911~60년)은 "거친 말은 주먹을 날리는 행위와 같다"고 표현했다. 말은 자칫 폭력의 형태를 보이기가 아주 쉽다.

이런 언어폭력은 스트레스 호르몬의 과다 분비로 인해 뇌 구조의 변화나 신체 질환을 유발하기도 한다고 알려져 있다. 언어폭력으로 인한 불안이나 우울 등의 감정 상태가 만성화되면 호르몬이 과다 분비되고 또 교감신경계를 과도하게 활성화하게 된다. 그래서 가슴이 두근거리거나 근육통, 호흡 곤란과 같은 신체 이상 현상이 생길 수도 있다.

데일 카네기는 "집비둘기는 반드시 집으로 돌아온다."라는 말로 우리가 하는 말이 부메랑같이 자신에게로 돌아온다는 인사이트를 이야기한다. 그에 의하면 우리가 하는 어떤 말도 그 영향력은 결국 자신에게로 돌아온다는 것이다. 전에 살던 곳으로 정확히 회귀하는 집비둘기의 속성을 빌어 카네기는 사람의 말이 어떻게 사람에게 영향을 미치는지를 짚어본 것이다.

그러므로 타인을 향해 불평이나 불만, 욕설이나 악독한 말, 저주가 담긴 말, 더럽고 추한 말, 조롱하고 비방하는 말, 시기나 질투의 말들은 절대로 하지 말아야 할 것이다.

그 반면에 감사나 격려 또는 축복을 빌어준다면 그것 역시 자신의 삶에 긍정적 능력이 되어 돌아오게 될 것이다. 감사함은 말의 이런 영향에 중요한 씨앗과 같다. 이렇게 뿌려진 씨앗은 우리 안에서 무럭무럭 자라나 그에 어울리는 아름다운 미래의 모습으로 나타나게 될 것이다.

혹시 지금 자신의 처지가 어렵다면 먼저 자신이 하는 말들을 살펴보는게 필요할지도 모른다. 현재 자신이 겪는 형편은 저절로 된 것이 아니다.

지난날 자신이 말하고 행한 것들이 때가 되어 스스로 나타난 것이기 때문이다. 안 된다고 말하면 될 일도 안 될 것이다. 그러나 잘될 것이라고 믿고 말한다면 어려운 일일지라도 수월하게 풀리게 될 것이다.

콜롬비아의 정신과 의사 카를로스 케야르(Carlos Cuéllar)는 오늘도 나 자신이 살아 있음에 감사하면서 하루하루를 시작하거나 끝맺으라고 권한다. 이런 간단한 노력으로도 우리의 몸과 정신의 건강에 크나큰 도움이 될 수 있다고 말한다.

우리의 입에서 나오는 감사의 말들로 인한 축복의 비밀을 풍성히 누리는 삶이 되기를 기원한다.

4장

감사하다고 말하면
인생이 달라진다

Gratitude is the best gift of life

▶ 감사는 결핍에 주목하지 않는다.

있는 것에 주목하고 그 풍성함에 의식을 둔다.

감사는 세상을 인정하고 나 자신을 인정하는 것이다.

그래서 감사한 사람들에게는 늘 색다른 능력이 함께한다.

01

그럼에도 감사하라

눈에 보이는 게 다가 아니다

사람들이 자주 말하는 '그럼에도 불구하고 감사하라'라는 말은 참 잔인하게 느껴진다. 전혀 감사할 수 없는 상황에 감사해야 한다는 것은 절대 쉽지 않기 때문이다. 종종 설교를 들으면서 비슷한 도전을 받곤 했었는데 솔직히 그냥 귓전으로 흘려들었던 게 대부분이 아니었을까 싶다. 설사 귀 기울여 들었다 하더라도 막상 나에게 그 정도의 힘든 일이 닥치게 된다면 그 말은 받아들이기가 쉽지 않을 것이기 때문이다.

언젠가 KBS의 〈강연 100℃〉에 박진영 씨의 이야기가 소개된 적이 있다. 그는 할머니와 단둘이 살면서 생계를 위해 막노동을 해야 했다. 아주 힘든 삶이었지만 "그럼에도 감사하면서 살았습니다."라고 그는 술회하고 있었다. 글쎄 무엇을 그렇게 감사할 수가 있었을까? 그의 처지를 겪어보지 않은 사람이라면 그가 말하는 의미를 제대로 파악하는 게 전혀 쉽지 않을 것 같다.

그는 힘든 삶 중에도 감사해하다 보니 피곤한 것도 잊을 수 있었고 덕분에 밤새워 공부를 할 수도 있었다고 한다. 그리고 그런 노력의 결과 의과대학에 합격하게 되었다. 감사가 한 사람을 일으켜 세우는 기적을 낳은 것이다. 누구라도 학창 시절 공부를 해본 적이 있겠지만, 그 정도로 감사하면서까지 학업에 임한 적은 별로 없을 것 같다.

어려움 가운데 갖는 감사의 태도는 각자의 갖는 삶을 바라보는 관점의 차이가 아닐까 생각된다. 만약 박진영 씨가 시선을 당시의 어려움에만 고정했더라면 그는 아마도 그 시간을 돌파할 수 있는 길을 찾지 못했을 것이다. 그렇지만 그가 바라보는 곳은 다른 곳에 있었을 것이다. 아마도 거기에는 남들이 보지 못하는 자신의 세계가 펼쳐져 있었을 것이다. 그는 그 세계를 이미 보았던 것은 아니었을까?

사람마다 인생을 살면서 힘든 계곡을 지나가기 마련이다. 누구도 그런 과정을 겪지 않는 사람은 없다. 누구든 그런 힘든 시간이 막상 자신에게 닥치게 된다면 눈앞이 캄캄해지지 않을 수 없을 것이다. 필자가 이민자로 처음 미국에 도착하던 때의 막막하던 시간이 악몽처럼 떠오르곤 한다. 도무지 아무것도 해결되지 않을 것 같은 절망감으로 잠 못 이루던 시간이었다.

그때의 나에겐 이미 남들이 그렇게도 갖고 싶어 하던 미국 영주권까지 내 손에 있었지만, 감정적으로 하나도 도움이 되지를 못했다. 당시 내 주위에는 얼마나 많은 사람이 영주권을 받으려고 고생하고 있었는지 모른다. 하지만 내게는 당장의 암담함만이 내 심중에 맴돌았을 뿐이다.

그런데 정말 신기한 점은 누구 할 것 없이 자신들에게 닥친 힘든 시간을 (잘) 치러내고 있다는 사실이다. 겪고 있는 당시에는 인정하기가 쉽지 않겠지만 시간이 가면서 그렇게 힘들었던 환경은 어쨌든 바뀌기 마련이다. 나중에 시간이 지나 겪었던 일들을 되돌아보게 될 때 견딜 만했다는 대답을 하기 어려울지는 몰라도 우리는 그 시간을 견디어낸 것이다. 사람마다 자신이 겪었던 스토리의 소재가 없는 사람은 없다. 이 점은 바로 우리가 힘든 시간을 잘 견디어냈다는 명백한 증거인 셈이다.

문제는 당장 눈앞에 닥친 그런 시간을 견디어내야 하는 때의 마음 자세이다. 만약 이런 때 나중에 잘 견디어낸 자랑스러운 자신의 모습을 볼 수가 있다면 꼭 비참하지는 않을 것이다. 지금 우리가 보고 있는 것은 절대로 전부가 아니다. 이들은 단지 후에 우리에게 나타날 이야기들의 소재거리에 불과한 것이다.

밝고 어두운 색상의 올들로 아름다운 양탄자가 엮어지듯이 우리 각자의 인생도 작품으로 빚어져가고 있다. 어떤 작품을 기대할지는 각자의 몫이다. 장차의 아름다운 인생에 감사하지 못한다면 그것은 큰 손해이지 않을까? 어차피 빚어져가는 작품이라면 경이로움과 감사함으로 기대해보는 건 어떨까?

행복 연습의 기초

『하버드대 52주 행복 연습』(탈 벤-샤하르 저)에 의하면 감사를 적극적으로 표현하는 사람들이 그렇지 않은 사람들보다 자신의 삶을 더 긍정적으로 수용한다고 한다. 그리고 이들은 삶의 행복도나 긍정적인 감정도보다 높은 수준으로 유지한다. 이들은 활력 에너지나 행복감을 더 많이 느끼면서 살고 있었고 심지어 남들에게도 더 친절한 모습을 보였다고 한다.

앞의 박진영 씨의 경우에서도 자신의 미래를 향한 감사가 있었기 때문에 그렇게나 어려운 환경에서도 긍정적으로 극복하면서 힘든 공부까지 감당해낼 수 있었지 않았을까 짐작된다.

내 페이스북의 친구 중에는 항암이라는 어려운 과정을 거치고 있는 분들이 몇몇 있다. 나는 그들의 글들을 유심히 보고 있다. 멀리서 내가 큰 힘을 더할 수는 없겠지만 그들을 향한 기도에 동참하고 싶어서이다. 나는 그분들이 삶에서 갖는 감사의 크기가 계속 유지되기를 또한 기도한다.

암을 치료하고 통증을 해소하는 효과가 있는 호르몬인 엔도르핀은 기쁘고 즐거울 때 분비된다. 또 엔도르핀의 4,000배나 되는 강력한 호르몬인 다이돌핀도 있는데 이는 사람이 감사할 때 나온다. 만약 이런 호르몬들이 우리 몸에서 계속 분비될 수가 있다면 암 정도는 얼마든지 이겨낼 수 있으리라 믿는다.

만약 그렇다면 우리는 감사함에 목숨을 걸어야 할지도 모르겠다. 이렇게 건강이 위중할 때조차 이겨낼 수 있는 호르몬이 우리 몸 안에서 만들어진다는데 감사하지 못할 이유는 없을 것 같기 때문이다.

꼭 병을 치료하기 위해서라기보다 감사는 바로 자신을 위한 선택이고 결정이다. 스스로의 생각을 바꿔 세상을 제대로 바라보는 눈을 갖기 위함이다. 뒤틀린 시각으로 세상을 바라본다면 결국 세상은 우리에게도 그런 모습을 보일 것이다.

나의 소유 정도가 감사의 양을 결정하는 것이 아니라는 사실을 깨닫는 게 중요하다. 마음먹기에 따라서 얼마든지 세상이 달라질 수 있는 것이다. 결국 감사는 외부의 조건이 아니라 우리의 마음먹기에 달린 것이다. 따라서 만약 감사할 수 없다면 결국 자신의 생각을 먼저 살펴봐야만 한다.

항상 변하는 외부의 조건에 눈을 맞추지 말고 고요한 마음으로 집중하는 것이 필요하다. 거기로부터 진정한 평화가 있고 또 감사가 나오는 것이다. 감사할 수 없을 것처럼 보이는 때라도 감사의 마음을 유지한다면 상황은 바뀔 것이다.

모든 사람이 행복하기를 원한다. 그 행복은 바로 감사의 크기에 따라 결정될 것이다.

바로 지금 감사하라

웃지 못하는 얼굴

필자가 한국에서 살 때는 심각하게 살았던 것 같다. 표정이 너무 심각해서 사람들이 대하기가 몹시 거북하다는 말을 자주 들었다. 심지어 말 붙이기도 쉽지 않았다는 얘기도 있었다. 내 스스로 복잡하거나 딱딱한 사람은 아니라고 생각했지만 내 얼굴 모습은 천만의 말씀이었나 보다.

이민으로 한국을 떠나오기 전, 울산에서 잠시 살 때의 일이다. 하루는 길을 열심히 걸어가고 있는데 어떤 남자 하나가 쫓아와 말을 걸었다. 그리고는 내가 괜찮은지 물어왔다. 영문을 모르는 나에게 그가 이유를 말했다. 서로 막 지나쳐 걷다가 무심결에 내 표정을 봤는데 너무 심각해 꼭 무슨 일을 저지를 사람처럼 보였다는 것이다.

어이없는 일이었다. 한국 사람들은 남의 일에 상관을 좀처럼 하지 않는데 이렇게까지 보였다는 사실이 꽤 충격적이었다. 남에게 걱정을 끼칠 정도로까지 보였다는 게 놀라웠다. 집에 돌아와 거울 앞에서 내 얼굴을 살펴보았다. 아무런 표정이 없었다. 웃음을 지어 보았지만 잘되지 않았다. 몇 번 하다가 그냥 포기하고 말았다.

미국의 한 직장에서 매니저 훈련을 받기 위해 멀리 네브래스카에 있는 본사에 갔을 때의 일이다. 모든 교육 과정을 마친 마지막 날에 매니저 각각의 프로필 사진 촬영이 있었다. 차례가 되어 자세를 취하는데 사진사가 활짝 웃으라는 주문을 해왔다. 이에 열심히 웃는 모습을 해보았지만 계속 퇴짜를 맞았다. 여러 번 시도하다가 시간 관계상 결국 그냥 찍고 말았다. 나중에 보게 된 사진은 내가 봐도 정말 이상했다.

집에 돌아와 거울 앞에서 다시 웃는 모습을 취해봤다. 미국인 동료들처럼 모양을 억지로 만들어봤다. 미국 친구들은 얼마나 쉬우면서도 자연스럽게 웃는 모습을 만드는지 모른다. 결국 웃는 얼굴의 모양이 나오기는 했는데 내 얼굴의 근육이 정말 이상하게 느껴질 정도였다. 그토록 부자연스럽게까지 근육을 움직여야 웃는 모습이 나온다는 게 너무 의아했다.

요즈음 페이스북을 하면서 한국에 있는 친구들 얼굴을 자주 볼 기회가 있다. 가만히 살펴보면 그처럼 멋진 이들의 얼굴에 대체로 웃음이 없다. 그런 모습을 보면서 예전의 내 생각이 나곤 한다. 한국에서는 왜 웃음이 없는 표정이 일반적일까?

사람의 감정은 표정에 그대로 나타난다. 일부러 포커페이스를 하는 경우를 제외하곤 얼굴에서 감정을 감출 수는 없다. 예전 필자의 경우에는 항상 많은 생각을 하고 있었을 것이다. 특히 위의 예에 나온 울산에서 살던 시절에는 특히 그랬다. 다른 나라로의 이민을 준비하던 때이었으므로 마음이 매우 복잡했을 것이다.

한국은 꽤 빠르게 성장해온 좋은 나라지만 개개인들의 삶이 너무 많이 희생된 사회였다는 생각이 든다. 적어도 나는 그렇게 살았던 것 같다. 안 팎으로 경쟁이라는 것을 기본적으로 늘 담고 살지 않으면 안 되는 곳이었다. 또 은연중에 남들과의 비교가 보편화된 사회이기도 하다. 그래서인지 감사라는 것은 평상시의 삶에서 굳이 찾을 이유가 되지 않는다. 항시 추구해야 할 인생의 목표가 있었고 그 목표가 제대로 성취되는 건 한참 시간이 지나야 하는 것이어서 중간에 멈춰 서서 음미하거나 또 그에 감사한다는 건 뭔가 부자연스러웠던 것 같다.

최근까지도 미국에서 지내면서 비슷하게 살았다. 조금이라도 더 젊은 나이에 훗날을 위한 무언가를 이루어놓지 않으면 안 된다는 강박감이 마음 안에 늘 담겨 있었다. 아직 어떤 성취에 대한 감사를 표할 때가 아니었다. 성취했다고 말하면 그나마 모두 사라지기라도 할 것 같은 불안한 마음도 없지 않아 있었다.

지금 감사하기 배우기

내가 미국에서 살게 된 것은 정말 큰 행운이다. 여기서 사는 사람들은 하루에도 수없이 "감사합니다(Thank you)."라고 말하며 산다. 크건 작건 선의를 베풀어주었는데 '감사합니다'란 소리를 안 해주면 예의가 없다고 생각하기 때문이다. 그래서 미국에 처음 와서 습관이 안 되어 이런 서비스를 무시하다가 눈총받는 사례도 많았다.

그동안 진정한 감사함을 알지 못한 것은 마치 웃을 줄 모르던 내 얼굴과 같았다. 웃지 않는 얼굴이 더 멋질 것으로 생각하는 무의식적인 행동이지는 않았는지 모른다. 만약 그렇다면 그건 정말 유치한 생각이 아닐 수 없다. 일찍부터 더 많이 웃고 또 그 모습을 남들에게 보여주었더라면 내 인생은 지금쯤 훨씬 멋진 항로를 따라가고 있을지도 모를 일이다.

그러나 이런 사소한 감사 말고 내가 진정 큰 감사를 배운 것은 그간 쌓았던 모든 것을 잃고 나서의 일이다. 그저 내가 잘나서 된 줄로 알고 있다가 그게 아니라는 사실을 배운 건 정말 큰 사건이 아닐 수 없다.

일이 풀리지 않을 때 내게 다가온 지혜 중에서 감사함에 관한 내용은 정말 귀한 것이었다. 감사할 때 또 다른 감사거리가 우리의 삶에 만들어진다는 것도 깨닫게 되었다. 감사를 알게 되면서 비로소 내 삶에 무수한 은혜들로 가득 채워져 있음도 깨닫게 되었다. 감사는 바로 그런 것을 보게 해주는 또 다른 눈임을 배웠다.

그동안 유보해왔던 내 인생의 '행복하기'도 더 미룰 필요가 없음을 알게 된 것은 바로 감사를 알고서였다. 전에는 내가 평생의 목표를 다 이룰 때 비로소 진정한 행복이 올 거라고 믿었는데 그게 얼마나 허탄한 생각인지 가르쳐준 것도 바로 감사였다. 사람은 누구든지 지금 행복할 권리가 있음을 깨닫게 된 것이다.

그 행복은 바로 아무 때라도 감사를 할 수만 있다면 누릴 수 있는 것이다. 감사는 꼭 어떤 조건의 성취가 아니어도 충분히 내 안에서 찾아질 수 있는 것이기 때문이다. 지금껏 내가 이미 갖고 누릴 수 있었던 그 많은 은혜를 기억만 한데도 감사는 차고 넘칠 것이다. 이미 받은 은혜를 잊지 않고 기억하는 일만큼 귀한 일도 없다. 그리고 이런 사실을 깨닫는 것 또한 큰 복이 아닐 수 없다.

내가 평소에 많은 것을 도와준 후배가 있었다. 그러나 후배는 당장 자신의 마음대로 안 되는 상황에 분개해 그동안 받았던 도움들을 깡그리

잊은 채 등을 돌리고 말았다. 당시의 그에게 유일하게 주어진 것도 선배의 배려인 줄을 미처 깨닫지 못하고 결국 혼자의 힘으로는 능력이 안 되자, 모두 내려놓고 떠나고 말았다. 은혜를 종종 망각하는 이런 상황이 바로 우리의 삶이다.

미루지 않고 지금 감사할 수 있음은 정말 현명한 일이다. 이것은 마음의 자세를 다시 바로잡는 일이다. 일이 안 될수록 감사 거리를 짚어보아야 한다. 그러면 길이 다시 나타나기 시작할 것이다. 지금 보기에는 일이 당장 어렵게 보일 수도 있겠지만, 감사는 바로 그 일이야말로 모든 상황이 제대로 가고 있음을 확인시켜줄 것이다.

지금 거울 앞에 다시 서서 크게 웃어보자. 그리고 나 자신이 얼마나 복받은 자인지에 감사해보라. 생각보다 빨리 회복됨으로 인해 더 큰 감사를 하게 될 것이다.

03

감사는 영적 건강의 지표임을 기억하라

감사를 깨닫는 일

민정기 목사(LA 충현선교 교회)가 쓴 '아름다운 동행'에는 어느 정신과 의사의 이야기가 하나 실려 있다. 사실 여부를 떠나 의미 있게 읽은 적이 있었는데 그에게는 40대 만성 우울증 환자 하나가 있었다. 그 환자는 자신이 가진 소화 불량의 원인이 세상 탓이라고 확고히 믿고 있었다. 그리고 자신이 당하는 모든 일의 원인이 주변 사람과 환경 탓이라고 불평을 하고 있었고 그래서 우울증은 2년이 지나도록 차도가 없었다.

그런데 어느 날 갑자기 이 환자에게 변화가 생겼다. 그날 의사의 상담을 받으러 오면서 보게 된 석양의 모습을 보고 감탄의 환호성을 질렀다는 것이다. 너무 아름다워 자신도 모르게 나온 감탄이었다. 이런 환자의 변화를 들은 정신과 선배 의사 하나가 다음처럼 단정적으로 말했다고 한다.

"축하할 일이요. 당신 환자는 이제 반 이상 치료되었습니다."

이 선배 의사의 예상대로 얼마 지나지 않아 이 환자는 전혀 다른 사람이 되었다고 한다. 그 는 자신과 환경에서 돌아서서 감사함이나 즐거움을 비로소 표현하기 시작했다고 한다. 이 이야기는 내게 몹시도 의미 있게 들렸었다.

주위의 일에 관해서는 성공적이지만, 평소에 말이나 행동이 거칠어 별로 예의도 없고 감사를 모르는 사람이 더러 있다. 그들은 감사는커녕 지적질의 연속이다. 그런 사람들일수록 모든 문제를 주위의 탓으로 돌린다. 그래서 그들의 주위에 있는 사람들에게는 이런저런 상처가 많다. 어쩔 수 없이 같이 일을 하고는 있지만 그들의 독선을 감당하기가 몹시 힘들다.

그런 사람들이 감사를 잘 표현하지 못하는 이유 중의 하나는 자신이 가진 감사에 대한 기준이 불필요하게 높기 때문이다. 이들이 감사를 표해야 할 정도의 일이라고 믿는 것은 상당한 결과가 수반되어야 한다고 생각한다. 그래서 평소에 있는 일반적인 일에 대해서는 그냥 당연하다고 생각하거나 그보다 못하다는 생각이 들어 굳이 감사를 표할 필요를 느끼지 못하는 것이다.

나도 처음에 감사를 연습하자고 마음을 먹었을 때는 그런 사람 중의 하나였을 것이다. 자신의 목표를 높이 세우고 달려가다 보니 어지간한 것에서는 감사하다고 생각하지 못하고 살았다. 같이 일하는 파트너들의 어려움보다는 실적이 떨어지는 데만 온통 신경이 가 있었다. 그들이 일하면서 또는 삶 가운데 가졌을 생각은 조금도 헤아리지를 못했다. 그저 모두 나와 같은 마음으로 살 거라는 막연한 생각만 갖고 있었다.

감사를 찾는 게 쉽지 않았다. 일하는 방식도 계속 뭔가 허점이 보여서 그냥 넘기기 어려웠다. 일의 성과를 보아도 도무지 끝이 보이지 않고 끝없이 변명만 늘어놓는 것도 답답하기가 그지없었다. 사람들에 대한 감사가 참으로 쉽지 않았다. 늘 아쉬움만 맴돌았다. 큰 불평으로 터져나오지 않은 게 다행이다 싶을 지경이었다.

　그런가 하면 40년간 아내가 내 옆에 함께 있어 준 사실도 그냥 당연한 일일 뿐이었다. 너무 익숙하여 감사하다고는 크게 느끼지 못하고 산 것 같았다. 아내가 매 끼니 좋은 솜씨로 맛있는 음식을 준비해준 것도 그냥 당연한 아내의 일일 뿐이라고 생각하며 살았다.

　20년 넘게 아이들이 몇 나라를 거치는 힘든 이민 생활을 잘 견뎌준 사실도 대견하고 고맙기는 했지만, 그들도 좋아할 거라는 생각만 했었지, 크게 감사할 거리로 생각되지는 않았다.

　아침마다 따뜻한 물로 샤워를 하거나 옷장의 깨끗하게 세탁된 옷들, 출퇴근 시에 타는 차, 출근해서 일할 수 있는 사무실 등을 보면서도 가끔 기분이 좋기는 했어도 그간 내가 고생해서 이룬 것이므로 당연한 것으로만 생각하고 있었다. 굳이 감사를 해야 할 필요를 전혀 느끼지 못했다.

　그래서 감사는 사람의 마음 상태를 나타내는 온도계와 같다. 사람의 입에서 감사를 나타내는 말이 얼마나 자주 나오는지를 확인해보는 것은 사람의 영적 상태를 확인하는 아주 효과적인 방법이다. 문제의 본질은 다른 데 있지 않다. 전적으로 세상을 바라보는 시선의 문제일 뿐이다. 시선의 끝에 가닿아 있는 곳에 무엇이 있는가가 중요한 것이다.

당장 자신의 눈에 감사할 것으로 보이지 않을는지 몰라도, 현재 자신이 사는 모습이 얼마나 달라져 있는지를 되돌아본다면, 자신이 누리는 모든 것은 그야말로 큰 복임을 깨닫게 될 것이다. 바로 세상은 우리의 보는 눈과 마음가짐에 달린 것이다.

감사와 자존감

감사를 깨닫는 수준이 어느 정도인지를 보면 그 사람의 자존감의 정도도 쉽게 알 수 있다. 감사가 어려운 사람들은 스스로에 대해서도 몹시 높은 기준을 적용해 성취 목표를 남들과 비교해 아주 높게 가져가려는 경향이 있다. 남들과 비교해서 지지 않으려는 의식이 팽배해 있기 때문이다. 이런 의식을 모두 나쁘다고는 절대 할 수가 없다.

문제는 그렇게 높은 기준을 계속 적용하다 보니 자신에 대한 자존감도 결국 높아지기가 어렵다. 항상 높은 수준의 성취를 유지하는 게 쉽지 않기 때문이다. 어지간한 성취로는 만족할 수 없다 보니 자신을 계속 채찍질하게 된다. 이런 사람이 자신에게 감사한다는 것은 생각할 수도 없다. 늘 누군가와 끊임없이 비교하면서 자신의 부족함을 들춰내는 것으로 아까운 삶을 보내게 된다. 바로 낮은 자존감에 빠져 헤어나오지 못하는 악순환 가운데 지내는 이유이다.

사람들은 자기 자신이야말로 가장 중요한 존재임을 깨달아야 한다. 비록 세상의 평가 제도가 난무하는 세상에 살고는 있지만 그런 평가가 자신의 가치를 인정하는 전부가 아님을 깨닫는 게 중요하다. 자신의 가치는 스스로 인정해줄 수 있으면 족한 것이다. 남의 손에 나의 가치를 인정해달라고 부탁할 이유는 하나도 없기 때문이다.

이런 일은 바로 참된 나와의 만남에서 가능하다. 이는 앞의 우울증 환자가 환경에서 벗어나는 과정과 유사하다. 그런 과정 중에 자신의 실체를 확인하면서 비로소 내가 누구인지를 발견하는 것이다. 거기에서부터 진정한 나다움을 확인할 수가 있게 된다. 필자는 이에 대해 『나를 가장 빛나게 만드는 사람은 나 자신뿐이다』(굿웰스북스)에 자세히 기술해놓았다. 기호가 되면 일독을 권한다.

자신을 인정하는 일의 시발점은 자신에 대한 감사를 회복하는 일이다. 자신을 인정함으로써 자신의 내면세계는 환히 밝아지게 된다. 굳이 남의 인정을 받지 않아도 자기 스스로의 자존감은 충분히 살아낼 만한 힘을 갖게 될 것이다.

미국의 교육가인 랜디 포시는 "우리가 평생 가져야 할 태도가 있다면, 지금, 이 순간에 늘 감사하며 살아야 한다는 것이다."라고 말했다. 감사야말로 우리가 세상을 건강하고 행복하게 살아내도록 돕는 인생의 지표가 되어줄 것이다.

내 인생을 바꾼 감사의 힘

04

감사 없는 사람이 가장 가난하다

감사를 모르는 사람

독일의 대문호인 괴테는 "타인의 온정과 은혜에 감사하라. 은혜를 모르는 것은 근본적인 결함이다. 그렇기에 은혜와 감사를 모르는 사람은, 삶이라는 영역에서 무능한 자라고 할 수 있다. 그것은 건실한 인간의 첫 번째 조건이다."라는 말을 했다.

감사를 모르고 살다가 당연히 낭패를 본 적이 있다. 그 낭패를 통해서 비로소 감사가 얼마나 기본적이고 중요한지를 배우게 된 것이다. 아무리 노력하여 쌓아놓은 것이 많아도 감사하지 못하면 잃는 것은 한순간에 일어날 수 있음을 그때 배웠다.

은혜를 입고도 감사를 모르는 사람을 배은망덕한 사람이라고 한다. 괴테는 이런 사람을 건실한 인간의 조건을 갖추지 못했을 뿐만 아니라 인생의 무능한 자라고까지 표현했다. 그런 삶은 어떤 복도 누릴 자격이 되어있지 않음을 지적하는 것일 것이다. 그래서 사람의 삶 가운데서 가장 먼저 나타나야 할 특징은 감사가 아닐까 생각한다.

결혼한 딸 내외는 지금 어린 세 아이를 키우면서 그들에게 철저히 "고맙습니다."라고 말하는 걸 가르치고 있다. 비록 아이들이 아직 어리기는 하지만 누군가에게 어떤 도움을 받았으면 그 크기에 상관없이 즉시 고마움을 표하도록 가르치는 것이다.

우리 집에 방문해서도 할머니가 맛있는 것을 해주면 그들은 반드시 감사하다고 말한다. 우리로서는 그게 다소 거북하기도 하지만 그게 맞는 것이기 때문에 사양하지 않는다. 외손주들이 어려서부터 사람들에게 받는 도움을 잘 분별하여 그게 은혜임을 깨닫는 건 인생의 큰 공부를 하는 것이다.

이런 당연한 일이 우리들의 삶인 현실에서는 잘 되지를 않는다. 매일의 삶에서 우리 주변에는 불만족스럽고 짜증 나는 일들이 더 쉽게 우리의 눈에 들어오기 마련이다. 아침에 아무리 단단히 마음을 먹고 결심을 해도 순식간에 무너지는 우리의 모습들을 발견하면서 허탈해하는 때가 얼마나 많은가?

잠시 페이스북을 열게 되면 거기에 올려진 수많은 불만을 볼 수가 있다. 물론 상당 부분 일리가 있고 충분히 이해도 된다. 그럼에도 아쉬운 점 하나는 그런 포스팅을 하는 사람들일수록 평소 그들의 삶이 평탄해보이지 않는 점이다. 그런 부정적 파동이 내게도 옮겨올까 봐 주의 깊게 선별해서 친구들을 받는 편이다.

나이를 먹으면서 늘 주의하는 것 한 가지는 '꼰대'가 되지 말자는 것이다. 이만큼 나이를 먹고 보니 왜 눈에 거슬리는 것이 없겠는가? 그러나 우리가 자랄 때의 엄격함과 절제가 지금 세상에는 잘 통용되지 않는다. 그렇다고 내 마음에 들지 않는 점들을 무한정 쏟아놓는 것처럼 무의미한 일이 없다. 혹자는 그래서 세상에 어른이 존재하지 않는다고 한탄을 하지만 진정한 어른이 되는 일은 또 다른 의미일 것이다.

나는 SNS에 포스팅하는 몇 가지 원칙을 세우고 있다. 그중 하나는 그 읽는 주 대상을 다른 사람이 아닌 나 자신으로 정하고 있다. 그리고 반드시 하루의 삶 중에서 긍정의 내용을 찾아 기록으로 남기는 노력을 한다. 또 글의 끝에는 나만의 약속인 #(해시태그)를 하나 붙이는데 그것은 바로 'gratitude'(감사)이다. 이는 감사로부터 나의 눈을 떼지 말자는 나만의 다짐이기도 하다.

세상을 살아가면서 큰일에 대하여 감사할 뿐만 아니라 사소한 일이나 온정에도 얼마든지 감사할 수가 있어야 한다고 생각한다. 그런 태도는 자신이 갖는 생각이나 의식에 달려 있다. 자신이 입은 은혜가 아무리 크더라도 자칫 당장 목전의 서운함이 생기면 뒤돌아서는 사람들도 봐왔지만 그들의 말로가 그리 행복해보이지 않았다.

어떤 이유가 있더라도 감사를 잃어야 하는 경우라면 차라리 일을 포기하는 게 낫다는 교훈을 몸소 겪으면서 배우고 나서 비로소 감사에 대한 제대로 된 의식이 생긴 것 같다. 세상이 아무리 엉성해보여도 우주의 운행 원리는 자연스러움이 제일이다. 인간이 제아무리 영악하여도 이런 원리에서 벗어나는 것은 절대 가능하지 않은 것이다.

더 좋은 일들을 불러오는 법

한 가지 다행한 일은 우리의 삶을 개선하는 것이 그리 어렵지는 않다는 점이다. 이는 필자의 경험이기도 하다. 물론 끝까지 가보지를 않아서 결말은 아직 모르겠지만 굳이 마지막까지 기다린다는 자체가 별로 의미 없다고 생각하게 된 것도 바로 감사를 배우면서 알게 된 사실이다.

그 방법은 지극히 간단하다. 아무리 사소하더라도 무엇에든지 감사하는 일이다. 받은 감사를 인식하고 그에 대해 적극적으로 반응하면 반드시 또 다른 좋은 일이 생겨난다. 감사가 또 다른 감사를 물고 들어오는 것이다. 설사 감사할 일이 보이지 않더라도 입으로 감사하다고 계속 주장하는 것이다. 감사를 한다는 사실은 자신의 삶에 긍정적인 씨앗을 뿌리는 일이기 때문이다.

기쁘고 좋은 일들이 더 많이 나타나게 될 것이다. 세상이 볼 때는 좋은 일이 하나 없어 보일지 몰라도 분명히 나의 의식은 그와 상관없이 감사를 찾아내어 스스로 만족하게 만드는 일이 일어나게 된다. 자신의 삶에 만족하게 되는 것은 참으로 행복한 일이다. 자신 안에서 그런 평안을 느껴본지가 도대체 언제였는지 기억이 나는가? 지금부터라도 그런 평안을 쌓아가기를 기원한다.

감사로 밝아진 자신의 마음은 한결 밝아진 세상을 만나게 할 것이다. 지금까지 자신이 가졌던 분노나 배신감, 비참함이 얼마나 허구이고 근거 없는 것인가를 깨닫게 될 것이다. 이런 행복은 다른 곳이 아닌 바로 자신의 삶 속에서 찾아지는 것이고 그런 느낌이면 이미 진정한 행복이고 성공인 것이다. 달리 더 구할 것이 무엇인가?

감사함으로써 행복해진다면 성공은 저절로 따라오게 될 것이다. 먼저 성공해야 행복해지고 그래서 감사하는 것이 절대로 아니다.

감사를 할 수 있음은 삶의 큰 지혜이고 기술이다. 또 그런 감사를 깨달아 배우게 되는 것은 인생의 큰 복이 아닐 수 없다. 비록 배우는 과정이 쉽지는 않겠지만 결국의 선을 이루는 것은 진정한 감사의 기술을 배워내는 것이다. 아무리 가졌어도 늘 야차같이 사는 사람들이 얼마나 많은가? 금수저와 같은 좋은 조건에서도 심적으로는 가난한 사람들을 주위에서 얼마나 쉽게 만날 수 있는지 놀랍기만 하다.

마음에서부터 감사가 느껴지지 않는다면 우리의 삶이 실패하고 있다는 신호다. 감사로 인해 더욱 성숙한 인격이 나타나게 되고, 성숙한 인격은 배려하는 인생으로 빚어지는 것이다. 항상 입으로 시인하는 감사가 성공을 확인한다는 사실을 알아야 한다.

그래서 감사는 더 많은 복을 부른다. 생활 속에서 감사해야 할 일들을 끊임없이 찾아냄으로써 나중까지 굳이 미루지 않아도 되는, 그럼으로 오늘의 풍요를 누리는 삶이 되도록 하여야 할 것이다.

05

감사를 심는 곳에 행복이 열린다

행복 바라기

사람들은 행복해지기 위하여 피나는 노력을 하며 살아간다. 그들은 재산이나 명예, 승진 등 무엇이든지 자신들이 행복할 수 있는 목표들을 세워놓고 날마다 그를 향해 매진하고 있다. 그곳으로 가는 동안, 혹 있을지도 모르는 희생쯤은 얼마든지 유보할 의향도 갖고 있다. 그럼으로써 후에 행복해지기를 기대하며 산다.

나중에 행복할 수만 있다면 가족이나 건강, 그리고 사람들과의 관계도 종종 접어놓는 수도 있다. 필자도 살아오면서 그저 '앞으로'라는 행동 코드를 머리 깊숙이 새겨놓고 살아오지 않았나 생각된다. 뒤돌아볼 시간도 없이 그저 정해놓은 내 나름의 길로 달려가는 데만 정신이 팔려 있었다.

언젠가 그렇게 달려가다 보면 좋은 날이 올 거라는 희망을 하나 걸고 살아온 셈이다. 과연 돈이 많으면 행복하게 될까? 학위를 받으면 행복해질까? 명예나 권력을 쥐면 행복해질까? 어려운 이민 생활에서 영주권이나 시민권을 받아 신분만 해결된다면 정말 행복해질까? 그게 다가 아니란 걸 금방 깨닫게 될 것이다.

미국 이민 초기 시절엔 언제나 나도 과연 성공이란 걸 하게 될 수 있을지 하는 생각으로 마냥 암담했었다. 그러나 행복이란 것은 생각하는 만큼 그렇게 먼 데 있는 것이 아니다. 그것은 다름 아닌 바로 사람의 마음에 달려 있기 때문이다. 흔히 생각하는 것처럼 행복은 우리가 얼마나 많이 가지고 있느냐에 달린 것이 아니라 얼마나 가진 것에 감사하느냐에 달려 있기 때문이다. 비록 이민 초기에의 경제적인 부담은 작지 않았어도 남들 보기에는 감사할 것이 얼마든지 많았고 행복할 만했다. 단지 내가 누리지 못한 것이었다.

한번 보면, 우선 온 식구가 건강하게 미국이라는 좋은 나라에 잘 도착했고 아무런 어려움 없이 영주권마저 손안에 쥐고 있었다. 지금이나 당시나 신분 문제로 고통을 받던 교민이 주위에 얼마나 많았던가? 물론 당장은 마땅한 직업이 없어 돈을 벌어야 한다는 문제는 있었지만, 신분상으로는 아무런 문제가 없었으므로 그때부터 노력하여 벌면 얼마든지 되는 일이었다. 더욱이 그때는 지금보다는 20년이나 젊었었다.

사람은 누구든지 행복을 누리면서 살 권리가 있다. 얼마든지 그렇게 살아도 되는 것이다. 행복을 굳이 나중까지 미뤄야 할 아무런 이유가 없다. 그저 마음의 눈을 열어 보기만 하면 되는 일이다. 자신이 이미 소유하여 누리고 있고 또 지금껏 자신이 힘써 성취한 일들을 살피기만 한다면 얼마든지 우리의 눈은 열리게 될 것이다.

행복은 감사를 통해 들어오고, 불평을 통해 나간다는 말이 있다. 아무리 좋은 일들이 겹쳐 생긴다 해도 불평거리만 찾아낸다면 결국은 불행한 사람이 될 것이다. 행복이든 불행이든 자신이 의식하여 보는 대로 세상은 움직여 그대로 보여주기 때문이다. 그래서 자신이 먼저 바라보고 마음으로 확인하는 것은 매우 중요한 일이다.

일상에서 행복 찾기

행복으로 가는 길에 가장 기본이 되는 '불변의 법칙'은 바로 매일의 삶에서 소소한 감사를 찾아보는 일이다. 감사는 우리의 삶, 구석구석에 빼곡히 숨겨져 있는 수많은 행복을 찾아주는 대단히 유용한 방법이다. 아무리 많이 갖고 있고 크나큰 성공을 하였더라도 감사라는 툴을 통하지 않고는 행복으로 가는 길은 그저 요원하기만 하다.

이미 경험을 해본 사람은 잘 알겠지만, 감사의 문이 열림으로써 행복의 문도 열리게 된다. 우리가 감사하는 만큼 행복할 수 있음이다. 그러므로 행복해지기 위해서는 먼저 감사를 해야 한다. 행복은 감사의 크기와 깊이에 비례하여 그만큼의 크기로 우리에게 나타날 것이다.

바넷 깁슨 박사는 그의 『행복한 하루』라는 책에서 사람이 얼마나 많은 것을 자신의 손안에 쥐고 있는가는 그의 행복과 아무런 관계가 없다고 했다. 만약 그의 마음에 감사함이 없다면 그건 단지 '파멸의 노'를 젓고 있는 것과 다름이 없기 때문이다.

"다른 공부보다 먼저 감사할 줄 아는 방법부터 배우라. 감사의 예술을 배울 때 그대는 비로소 행복해진다."
—바넷 깁슨

삶의 여러 가지 일들 가운데에 감사 거리를 찾아보라. 작거나 사소한 것으로부터도 감사들을 발견할 수만 있다면 우리 삶의 질은 전적으로 달라질 것이다. 감사는 우리의 삶을 가장 빠르게 행복으로 인도하는 가장 효과적인 수단이다.

감사하는 마음은 우리 주변의 일들에 대해 그것들을 인식하고 해석하는 태도를 변화시킨다. 아무것도 당연하게 주어진 것이 아님을 깨닫게 된다. 우리에게 주어진 것들을 제대로 보고 인식함으로써 그것들이 얼마나 소중한 것인지를 깨닫게 되는 것이다. 그런 과정을 통하여 우리가 인식해야 할 대상들을 확대해나가는 것이다.

이런 과정은 우리가 받아 누리는 것들에 대한 깊은 의미를 깨닫게 한다. 그뿐만 아니라 우리를 둘러싼 세상에 대응하는 자세도 바뀌게 한다. 그런 우리의 변화를 통하여 세상으로부터도 완전히 달라진 반응을 얻게 된다. 이런 경험은 마음의 바탕에 긍정이 넘치게 하고 그로 인하여 더욱 좋아지는 결과를 보게 하는 것이다.

우리가 익히 잘 알고 있는 알베르트 슈바이처는 '삶의 비밀'이란 설교를 통하여 사람의 삶에서 '가장 멋진 일은 모든 일에 감사하는 것'이라고 했다. 그에 의하면 그런 원리를 깨달은 사람이야말로 인생의 의미를 아는 사람이고 또 '삶의 신비'를 이미 파악한 사람이다. '삶의 신비란 모든 것에 대해 감사하는 일'인 것이다.

그러므로 감사하면 감사할 일이 계속 이어지게 된다. 마치 마르지 않는 샘물처럼, 행복의 물줄기를 찾아내주는 것처럼 감사는 또 다른 감사를 보여줄 것이다.

어떠한 상황에서도 감사를 깨닫고 표현할 줄 아는 것은 진정한 축복이다. 어떤 좌절이나 실패 속에서도 능히 감사할 수 있는 행복한 삶이 얼마든지 가능함을 알아야 한다. 진정한 감사란 어떤 조건에 의해서 주어지는 것이 아닌 무조건적이기 때문이다.

자신의 형편이 어떠하든지 입을 열 때는 먼저 감사의 말을 하라. 이로써 우리의 세상에 행복으로 가는 비밀 통로가 열리게 될 것이다. 조건이 만족될 때까지 기다리지 말고 먼저 감사의 의식을 열어 세상에 대해 감사로 충만한 자신을 보여준다면 온 우주는 신속한 반응을 당신에게 보여줄 것이다.

무조건 감사하라!

감사는 삶을 변화시키는 능력이다

삶의 고비들

사람은 누구나 인생의 고비를 넘긴다. 정도의 차이는 있을지언정 삶에서 힘든 시절을 겪지 않는 사람은 하나도 없을 것이다. 중요한 사실은 그런 과정을 통해서 배우는 경험들이야말로 아무런 문제없는 평탄한 삶이 주는 것보다 훨씬 깊은 의미를 가르쳐준다는 점이다. 그야말로 잘나가던 시절에는 결코 알 수 없었던, 삶의 진정한 의미를 배우게 된다.

어려운 시간을 잘 견디어낸 사람들에게는 반드시 귀한 상급이 주어진다. 그것은 인생을 새롭게 해석해볼 수 있는 안목과 주어진 어려움을 능히 견디어내게 하는 능력이다. 힘든 과정을 통해 배우는, 인생을 새로이 조명하여 보는 기술은 진실로 그 의미가 크다.

뜻밖에도 주위에 실의에 빠져 인생을 낭비하는 사람들이 많이 보이는 것은 별로 놀라울 게 없다. 조금 시간을 길게 놓고 볼 때 알 수 있는 분명한 사실 하나는 그런 사람들도 인생의 깊은 절망의 구렁텅이를 지나가면서 결국은 자기에게 주어진 삶의 의미를 다시 한 번 깊이 확인하게 될 것이라는 사실이다.

내 경험에 의하면, 비록 다시 일어서는 방법을 깨닫기까지 그 과정이 간단하지는 않았지만, 겪고 나니 그런 험난한 시간을 단축하는 방법은 의외로 간단했다. 마치 답이야 간단해도 그걸 풀어내기까지의 시간이 필요한 수학 문제와 같다고나 할까?

그 방법은 바로 자신을 돌아보면서 이미 내가 이룬 것들을 확인하여 보는 일이다. 사실 간단한 일 같지만, 만일 마음이 상할 대로 상한 상태에서는 이마저 절대 쉽지 않다. 온 세상 가운데 홀로 버려진 듯한 절망감에 빠져 있을 때 세상을 냉정하게 볼 수 있는 눈이란 절대로 만만하지 않기 때문이다.

이런 경우에 할 수 있는 방법의 하나는 도움을 줄 수 있는 멘토를 찾아보는 것이다. 인생에서 누군가에게 의지하여 자신을 속 깊이 털어놓을 수 있는 상대가 있다면 정말 귀한 일이다. 그래서 인생의 멘토는 더할 나위 없이 중요하다. 이런 멘토의 가장 좋은 점은 감정에 엮이지 않은, 냉정한 판단과 객관적인 의견을 기대할 수 있다는 점이 아닐까 한다.

사람은 어떤 어려운 환경 가운데 처해 있을 때 이미 격한 감정에 빠져 있는 수가 많으므로 온전하게 좋은 답을 찾아내는 일이 어렵다. 그런 때에 냉정한 관찰에 입각한 결정을 내릴 수 있다면 많은 시행착오를 줄일 뿐 아니라 문제의 해결도 신속하게 해낼 수가 있다. 바로 멘토는 그런 부분에서 큰 힘이 되어줄 수가 있다. 마찬가지로 우리 자신도 누군가에게 멘토가 되어주는 일은 정말 의미 깊은 일이 아닐 수 없다.

만약 이런 멘토를 찾는 일이 여의치 않을 만큼의 열악한 환경이라면 필자는 책을 찾아 읽는 방법을 권한다. 놀랍게도 우리의 많은 인생 선배들은 우리가 지금 힘들게 걷는 길을 이미 앞서가면서 자기들이 경험한 방법들을 정확하게 문자로 남겨놓았다. 요즘처럼 인터넷을 통하여 그런 정보를 손쉽게 접할 수 있는 시대에 사는 것은 정말 큰 편리함이다.

때때로 접하는 삶의 고비들로부터 우리가 당하는 문제들이나 어려움은 그로부터의 해결 자체가 우리 인생의 목적지가 아니라는 점을 배운다. 마치 인생의 과목들을 하나씩 수료해가는 과정이라고나 할까? 한 과정을 성공적으로 마칠 때마다 우리는 준비된 다음의 더 큰 과정을 향해 떠나간다.

감사함의 능력

만약 우리 스스로 이미 가지고 있는 것들을 확인한다면 의외로 그 내용의 다양함과 풍성함에 놀라게 될 것이다. 평소에 우리가 아무런 의식 없이 호흡하는 공기 중의 산소가 단 1분 동안 사람의 뇌에 공급이 중단된다면 200만 개의 뇌세포가 죽는다고 한다. 만약 5분 동안 뇌에 산소가 공급되지 않는다면 인간은 그만 생명을 잃게 된다.

또 산소가 체내에서 부족하게 되면 정상 세포는 죽지만 암세포는 그와 반대로 번성하게 된다. 최근의 발표에 의하면 불면증이나 우울증도 산소 부족 때문이라고 한다. 그리고 뇌경색이나 뇌출혈이나 기억력도 산소 결핍이 중요 원인이라고 한다. 사람들은 암에 대해서는 늘 걱정을 하지만 자신의 호흡에 대해서는 무관심하다. 우리는 우리가 호흡할 수 있는 공기가 우리 주위에 항상 있음에 대해서 감사를 하지 못한 채 평생을 사는 것이다.

이처럼 의식을 조금씩 열어 우리가 가까이 가지고 있는 것들을 하나씩 확인해가다 보면 당연히 따라오게 되는 것이 한 가지가 있다. 그것은 바로 '감사함'이다. 지금까지 미처 깨닫지 못했던 공기가 얼마나 귀중하고 감사한 건지를 금방 깨달아 더 좋은 곳으로 내 삶을 움직일 것이다.

어찌 그뿐이겠는가? 우리와 함께 거하는 집과 가족은? 우리의 생계를 제공해주는 직장은? 깨끗하게 먹고 마실 수 있는 물은? 또 옷장에 잘 다려져 걸려 있는 옷들은? 또 그런 생활이 가능하게 해준 세상의 모든 수고들은?

우리가 익히 아는 바와 같이 사람들 대부분 병의 원인은 바로 스트레스에서 비롯된다. 스트레스가 생기는 원인은 부정적인 생각과 마음의 상처이다. 자기의 기대와 다를 때 일어나는 스트레스는 스스로 만족함을 알지 못해서 생기는 현상이다. 당연히 자신의 결핍에 집중하다 보니 생기는 현상이다.

그러나 감사는 그런 결핍에 주목하지 않는다. 있는 것에 주목하고 그 풍성함에 의식을 둔다. 감사는 세상을 인정하고 나 자신을 인정하는 것이다. 그래서 감사한 사람들에게는 늘 색다른 능력이 함께한다. 세상의 비밀을 긍정으로 해석하는 기술은 이미 삶을 다른 차원의 세상에서 살게 하는 것이다.

또 감사는 바로 그런 인정을 통해서 사람의 삶을 통째로 바꾸게 하는 크나큰 능력을 발휘한다. 그 능력은 지금까지 마냥 불만스러웠던 것들이 갑자기 그 옷을 벗어버리고 커다란 환희의 모습으로 우리에게 다가오게 만드는 것이다. 어렵고 어려운 환경에서조차 새롭고 아름다운 세상을 기대하게 만드는 것이다.

자신의 입을 열어 '감사하다'라고 말하는 순간 달라지는 세상을 발견하게 된다. 감사를 말하는 말의 능력은 온 우주와 통한다. 온 세상이 나를 다시 주목하게 될 것이고 지금껏 알지 못했던 비밀스러운 힘들을 매직같이, 기적같이 나타나게 할 것이다.

그 비밀이 궁금하지 않은가? 잠자리에 들면서 하루의 감사를 다섯 가지만 세어보라. 이렇게 하루씩 지나가는 날 중에서 감사를 기억해내는 것이 많아지게 되는 것은 이미 우리가 큰 행복을 누리는 능력자로 사는 사실을 증명하는 것이다.

07

내 인생 최고의 날인 오늘을 기억하라

오늘 하루 무엇에 집중할까?

아침에 눈을 뜨면서 만나게 될 세상에 대해 밝은 기대를 하는 것처럼 파워풀한 일이 있을까? 누구보다도 먼저 자기 자신에게 그런 기대를 말해주는 것은 정말 가슴이 설레는 일이다. 세상이 어떻든 간에 이에 상관없이 좋은 하루를 살아내겠다는 결심이고 의지인 것이다. 많은 사람들이 이미 누누이 말하고 있는 바와 같이 이 세상은 내가 마음먹기에 달렸지 않은가?

그래서 오늘이 내 삶의 최고의 날이라고 생각하고 감사하는 것은 진실한 행복을 이루는 가장 좋은 방법이기도 하다. 진정한 행복이란 얼마나 내가 가지고 있는가에 달린 것이 아니라 얼마나 감사할 수 있느냐에 달려 있지 않은가? 이미 충분히 갖고 있는데도 그것을 제쳐놓고 새로운 갈증으로 불행해지지는 말기로 하자.

자칫 세상의 쓸데없는 시선이나 지나간 날의 이런저런 실수를 후회하며 자책하며 사는 것도 이제는 사양하면 좋겠다. 과거는 영원히 지나가 버렸기 때문이다. 단순히 매일 주어진 삶에 최선의 기대를 펼쳐 보이는 것이야말로 정말 신나는 일이다. 바로 오늘 내가 만나는 세상이 나에게 최고의 것임을 미리 인정하고 감사하는 것이 진짜 지혜다.

그리고 지극히 작고 사소한 일로부터 감사하는 능력을 맘껏 발휘해보자. 그런 능력을 가진 사람은 평생 쉽게 넘어지지 않는다. 그들에게는 누구도 쉽게 무너뜨릴 수 없는 풍성한 자존감으로, 누구보다도 더 행복하게 살아낼 힘이 있기 때문이다.

매일 하는 감사의 연습으로 하루 동안의 긍정 기록을 어딘가에 문자로 남겨보기로 하자. 어디든 상관없다. 잡기장처럼 쓰는 노트도 좋고 블로그나 인스타그램, 또는 페이스북 같은 SNS 공간도 좋다. 필자는 페이스북과 인스타그램에 매일 긍정의 내용을 정례화해서 적어나가고 있다. 글을 올리거나 관리가 쉽다는 게 가장 큰 이유이고 같은 생각을 가진 사람들과의 소통이 좋아서다. 또 자신이 원하는 같은 성격의 그룹을 선별해 나눌 수 있음도 큰 장점이다.

이런 습관을 유지하는 가장 큰 이유는 일상생활 가운데 긍정적이고 감사할 내용을 적극적으로 찾아 유지해보자는 생각에서 나온 것이다. 하루라는 시간을 살다 보면 물론 여러 가지의 일이 있을 수 있겠지만 그럼에도 감사에 더욱 더 집중하기 위해 결심해보는 것이다. 감사의 습관을 유지하기 위한 나름의 시스템이다.

매일 올리는 글이 쉽지 않다고 생각할 수도 있겠지만 삶에서 감사와 긍정을 계속 관찰하고 또 그 내용을 정리하는 포스팅은 자기 마음을 지켜볼 수 있는 매우 효과적인 방법이다. 꾸준하게 밝은 생각과 글을 매일 포스팅하다 보면 자신도 모르는 사이에 긍정적인 결과를 얻을 수 있다. 우선 자신의 삶이 바뀔 수가 있는 것이다.

또 온라인상에서 만나는, 같은 생각을 하는 사람들과 서로 격려를 나눔으로써 함께 시너지를 향상할 수 있다. 뜻밖에도 이런 좋은 나눔의 기회들은 얼마든지 만들어질 수가 있다. 따라서 긍정의 글을 매일 남기는 연습은 자신의 삶뿐만 아니라 온라인에서도 여러 사람에게도 좋은 영향력을 발휘할 수 있는 것이다.

오늘이라는 날

나이를 먹어가면서 거울에서 자신의 모습을 볼 때마다 느낌이 달라진다. 눈 쪽 아래의 근육이 조금씩 늘어지기도 하고 피부의 탄력성이 떨어지기도 한다. 정기 건강 점검을 받으면서 의사로부터 혈압이나 콜레스테롤 등에 대한 약 처방을 받기도 한다. 지난해까지만 해도 아무런 문제가 없었는데 해가 바뀌면서 이런 조치를 받게 되면 나이를 먹어가고 있다는 사실이 점점 실감이 나기 시작한다. 이런 일은 사람들의 마음을 조금씩 움츠러들게 할지도 모르겠다.

종종 사람들은 '오늘이 가장 젊은 날'이라는 말을 한다. 문득문득 젊은 시절의 내 사진을 보면 너무 풋풋하게 보인다. 예전 같으면 사람들의 사진을 보면 그들의 미추를 가리곤 했는데 나이를 먹으면서는 젊은 사람들의 사진에 넘치는 젊음이라는 환한 광채를 보게 된다. 잘생기고 못생겼다는 사실은 더 이상 눈에 들어오지 않음도 참으로 신기한 일이 아닐 수 없다. 하루라도 더 젊다는 사실은 그만큼 빛나는 일이다.

필자의 첫 책인 『어떤 조직에서도 결과를 만드는 영업비밀 노트』의 원고를 써서 몇 군데 출판사에 보낸 일이 있었다. 그 책은 비록 미국에서 겪은 필자의 영업 경험을 쓰기는 했지만 20여 년 전 처음 미국이라는 나라에 살러왔던 때의 삶을 고스란히 기록한 것이다. 그야말로 남의 나라에 와서 맨땅에 헤딩하듯 살아남기 위해 고심하던 일들을 적었다.

그 원고를 받은 출판사 중의 하나가 계약하고 싶다는 의사 통보를 해오면서 내게 해준 코멘트가 인상적이었다. 작금의 한국 실정이 '헬조선'이라고까지 말하며 사회적으로 많이 가라앉은 때인데 이 책으로 인해 독자들에게 한번 다시 해볼 마음이 생긴다면 좋겠다는 희망을 피력해주었다. 나로서는 정말 고마운 말이었다. 이 책으로 인해 누군가가 힘을 얻어 다시 시작할 마음만 먹을 수가 있다면 작가로서 너무 보람될 것 같았다.

40대 후반의 나이에 평생의 기반을 가졌던 한국을 떠나 새로운 나라에 정착을 해야 했던 나로서는 당시에 나이가 많다는 사실이 제일 맘에 걸렸었다. 그야말로 한 살이라도 더 젊었더라면 하는 아쉬움이 제일 많던 때이기도 했다.

그러나 그 후 20년이라는 시간을 살아오고 나서 그때를 다시 돌아보니 그 감회는 이루 말할 수 없다. 당시의 필자는 정말 가장으로서 어떻게든 살아내고자 하는 마음으로 부담감이 있었겠지만 결국은 지금보다 무려 20년이나 젊었던 때의 힘과 빛이 있었음이다.

이제 책을 쓰기 시작하면서 내게 생긴 새로운 감사함은 지금이야말로 나의 인생에서 가장 무르익은 삶을 글로 세상에 이야기할 수 있다는 사실이다. 하루에 쓰게 되는 한두 꼭지의 글들은 그대로 내 마음을 투영한다. 그 글들이 누군가에게 힘이 되었다는 사실을 들을 때마다 내 안에 가득해지는 즐거움으로 인해 다시 감사가 넘친다.

내 인생의 최고인 오늘 하루를 순간마다 음미하는 일은 복중의 복이다. 이런 새로운 경험들은 내가 감사를 다시 깨닫고 나서야 알게 된 것들이다.

"감사하라. 그러면 그대는 영원한 잔치를 즐길 것이다."

— 맥더프

내 인생을 바꾼 감사의 힘